원픽

# 원픽

ONE
PICK

복잡한 머릿속에서
단 하나의 메시지를 집어내는 기술

전철웅 지음

혜화동

낭만이 사라진 시대에 고군분투하고 있는
얼마 남지 않은 로맨티스트들에게 이 책을 바칩니다.

and JUNGAH MARA

책을 읽기 전에
다음 질문에 먼저 대답해 보길 바란다.
"당신은 단 한 번이라도
인간이라는 존재를 설득해 본 적이 있는가?"
나는, 없다.

# 하나만 살아남는 세상이 오고 있다

내가 사는 지역에 붙은 구청 게시물이다.

〈무단 투기 경고〉

이 지역에 각종 쓰레기를 무단 투기 시 끝까지 추적·고발 조
치하여 100만 원 이하의 과태료를 부과할 예정이니 각별히
주의 바랍니다. 무단 투기 신고자에게 포상금 지급.

이 정도면 공기관에서 할 수 있는 최대한의 압박이다. 효과는
어땠을까. 게시물 아래 보란 듯이 무단 투기된 쓰레기들이 쌓여
있었다.

이번에는 근처에 있는 다른 게시물을 보자.

"여기 쓰레기 마구 버리지 마라.
여기 쓰레기 마구 버리는 년, 놈은 당장 차에 치여 죽는다."

자기 집 앞 담벼락에 쓰레기를 버리는 투기꾼을 향한 주민의 경고문이다. 놀랍게도 쓰레기 하나 없이 깨끗했다. 무슨 차이일까. 왜 아무 법적 효력도 없는 글이 더 효과를 발휘한 것일까. 과태료 100만 원이면 결코 적은 금액이 아님에도 왜 사람들은 버젓이 쓰레기를 버렸을까. 이유는 간단하다. 글이 너무 길기 때문이다. 즉 읽지 않았다는 뜻이다. 아예 읽지를 않으니 과태료가 100만 원이든 1,000만 원이든 상관없는 것이다.

그렇다. 사람들은 이제 길고 복잡한 글을 읽지 않는다.

## 장문長文 유죄, 단문短文 무죄

이제는 단지 글이 길고 내용이 많다는 이유만으로 외면 받는 시대다. 아무리 내용이 좋고 심지어 재미있더라도 사람들은 길면 보지 않고 읽지 않는다. 감각적인 사진과 짧은 단문으로 구성된 카드뉴스와 '광고 건너뛰기' 버튼을 단 1초라도 늦게 누르게 하기 위해 애처로울 정도로 시청자들에게 매달리는 유튜브 광고들이 그 증거다. 또 다른 증거를 보자.

> "이와 함께 사내 온라인 교육 시스템 내 동영상 교육 콘텐츠도 밀레니얼 세대의 특성에 맞추기로 했다. 짧은 시간에 콘텐츠를 소비하는 '스낵 컬처'에 익숙한 신입 사원을 위해 긴 설명과 표, 그림으로 구성된 기존 50분 내외의 동영상 강좌 대신 5분가량의 '마이크로 러닝(분 단위 교육)' 강좌를 대폭 확대키로 했다."

현대백화점그룹이 신입 사원 교육용으로 제작되는 동영상 시간을 무려 10분의 1로 줄였다는 기사이다.[1] 왜일까. 길면 안 보기 때문이다.

관중 감소를 걱정하고 고민하는 프로 야구도 다른 데서 원인을 찾을 것이 아니라 근본적인 고민을 해 봐야 한다.[2] 기본 3시간을 가볍게 넘겨 버리는 야구 경기 시간은 너무 길다. 열혈 야구팬인 나도 한자리에서 프로 야구를 끝까지 시청하기가 쉽지 않은데 이제 막 야구를 처음 접하는 이들에게 3시간은 인고의 시간일

---

1)  '게임으로 신입 사원 교육한다고? …현대백, 밀레니얼 특성 맞춰', 중앙일보,
2019.7.22
2)  'KBO, 관중 800만 명 힘들다 …4년 만에 700만 대 추락', 연합뉴스, 2019.8.13

수 있다.

야구 종주국인 미국의 메이저리그Major League Baseball도 마찬가지다. 구기 종목의 비디오 클립 서비스 수익에서 야구는 완벽히 밀리고 있다. 그 이유를 김형준 메이저리그 해설 위원은 이렇게 분석한다.

"바야흐로 짧은 비디오 클립의 시대다. 하나의 콘텐츠가 긴 시간을 잡아 두지 못한다. 하지만 2~3분짜리 하이라이트 대결에서, 메이저리그는 다이내믹한 덩크와 패스, 화려한 개인기와 다양한 감정 표현이 넘쳐나는 NBA에게 더 확실한 패배를 당하고 있다."[3]

작금의 비즈니스 커뮤니케이션business communication[4]들도 마찬가지다. 짧고, 자극적인 콘텐츠들에게 완벽히 밀리고 있다.

---

3)  [인사이드MLB] '야구의 위기, 메이저리그의 위기', 네이버 스포츠 칼럼, 2019.8.29

4)  사전 상으로는 '상용 통신'이라는 뜻이지만 여기서는 광고, 프레젠테이션, 제안 등 비즈니스 과정에서 이루어지는 모든 쌍방 간 소통을 말한다.

## 지루함을 참지 못하는 신 인류의 등장

1997년과 2007년은 비즈니스 커뮤니케이션에서 중요한 의미를 지닌다.

2007년에 첫 아이폰iPhone이 출시되었으니 1997년 이후에 태어난 이들은 모바일 혁명의 직격탄을 맞은 첫 세대가 된 것이다. 이전 세대들은 - 특히 X세대Generation-X[5] - 스마트폰은 물론 인터넷 자체가 없던 시절을 또렷이 기억하고 있지만 이들은 그러한 중간 과정 없이 곧바로 포노 사피엔스Phono Sapiens[6]라는 신 인류로 진화해 버렸다. 자신이 원하는 정보와 자극적인 콘텐츠를 쉽고 빠르게 접할 수 있는 그들에게 심리학자들도 지적하듯이 깊이 생각하고 알아야 할 게 많다는 것 자체가 부담감이고 불편함이다. 급기야는 아예 무시해 버린다.

"사회심리학자 수전 피스크Susan Fiske와 셸리 테일러Shelley Taylor

---

5)    캐나다 작가 더글러스 쿠플랜드(Douglas Coupland)가 1968년을 전후해서 태어난 신 세대를 가리켜 처음 사용한 용어다. 그의 말에 따르면 X세대란 부모가 이룩해 놓은 복지 상태에 이르는 것을 포기한 첫 세대라고 한다. (출처: 네이버 국어사전)

6)    스마트폰을 신체의 일부처럼 사용하는 인류. 영국 경제 주간지 「이코노미스트 The Economist」가 '지혜가 있는 인간'이라는 의미의 호모 사피엔스에 빗대 포노 사피엔스(지혜가 있는 전화기)라고 부른 데서 나왔다. (한경 경제용어사전 & 네이버 시사상식사전 발췌)

는 인간을 '인지적 구두쇠, cognitive miser'라고 정의한다. 구두쇠가 돈을 아끼듯이 인간은 생각을 아낀다. 그 정도로 생각하기를 싫어한다는 뜻이다."

_『멈추지 못하는 사람들 *Irresistible*』, 애덤 알터 저, 부키, 2019

지금 이 순간에도 고객과 클라이언트 그리고 평가 위원에게 뜻하는 바를 전달하기 위해 셀 수도 없는 프레젠테이션과 제안이 이루어지고 있지만 과연 그중에 상대방의 눈과 귀에 작은 스크래치라도 낼 수 있는 메시지는 얼마나 될까.

수많은 책들 중에 굳이 이 책을 집어 든 것도 모자라 서문까지 읽고 있는 당신은 분명 비즈니스 필드 어딘가에서 몇 발의 탄알이 남았는지도 모를 총 한 자루를 들고 두리번거리고 있을 게 분명하다. 하지만 당신과 눈을 마주치는 사람은 없다. 생기도, 희열도, 즐거움도 없는 표정으로 스마트폰 속 캐릭터가 휘두르는 칼질과 정신을 피폐하게 만드는 영상들 그리고 자신의 인생과 전혀 상관없는 연예인들의 가십 gossip에 영혼까지 절여 버린 이들과 눈이라도 마주치려면 당신이 낼 수 있는 가장 큰 목소리를 내야 할 것이다. 하지만 마주친 눈빛을 거두지 않고 그들이 당신에게 기꺼이 고막을 내주길 원한다면 정말 조준을 잘 해야 할 것이다. 아무리 많은 탄알을 가지고 있어도 쏠 수 있는 기회는 단 한 번뿐이다. 그들은 당신이 다음을 장전할 때까지 절대 기다려 주지 않

**는다.**

'주의 공학 Attention Engineering[7)]'이라는 분야까지 개척해 가며 사람들의 관심을 빨아들이고 있는 소셜 미디어 기업들이 가만 놔둘리도 없다. 나는 그런 기업들과 싸우려는 무모한 짓은 진작 그만두었다. 그리고 그들에게 집중력과 흥미를 빼앗겨 버린 포노 사피엔스들에게 많은 걸 기억시키겠다는 욕심도 버렸다.

이제는 하나만, 오직 하나만 말해야 한다. 하나만 보여 줘야 한다. 사람들은 그 하나마저도 자신의 말초신경을 자극하지 않으면 눈길조차 주지 않는다.

이 책은 말초신경과의 싸움이며 무관심과 외면에 대한 항전抗戰이다. 그리고 15년 동안 제안하는 자와 제안받는 자, 설명하는 자와 설명을 듣는 자, 보여 주려는 자와 보지 않으려는 자 사이를 집요하게 파고들어 찾아낸 프레젠테이션 마스터의 솔직한, 너무나 솔직한 컨설팅이다. 물론 책 속의 단언들이 불편할 수 있다. 편견에 사로잡힌 단견短見이라 비난해도 좋다. 그럼에도 불구하고 이 책을 세상에 내어놓은 것을 주저하지 않음은 랄프 왈도 에머슨Ralph Waldo Emerson의 울림이 맞다고 믿기 때문이다.


"오늘 당신이 생각하는 것을 단호하게 말하라. 그리고 내일은

---

7) 『디지털 미니멀리즘Digital Minimalism』, 칼 뉴포트 저, 세종, 2019.5

또 내일 생각하는 것을 단호하게 말하라. 오늘 말하는 것이
어제 말한 것과 모든 면에서 모순된다 해도 괜찮다."

_『자기신뢰 *Self-Reliance*』, 랄프 왈도 에머슨 저, 창해, 2015

2019년 뜨거운 여름
오키나와에서

목차

제2장

# 하나만 보여 줘라. 보기 쉽게:

코어 슬라이드 CORE SLIDE

제3장

# 프레젠테이션은 이렇게 하는 것이다:

**마스터가 만든 슬라이드**

**마스터가 인정한 킬링 메시지**

# 제1장

## 하나만 말하라. 듣기 쉽게:

### 킬링 메시지
KILLING MESSAGE

# — 01 —

# 왜 하나만 말해야 하는가

'1등만 기억하는 더러운 세상'이라는 개그 유행어가 있었다. 최고만을 외치는 세상을 향한 자조 섞인 외침이다. 무한 경쟁 시대에서 최고만 인정받고 기억되는 건 어찌 보면 당연한 일이다. 하지만 커뮤니케이션에서는 다르다. 특히 비즈니스 커뮤니케이션에서는 '최고, The best'가 아니라 '하나, Only one'만 기억한다.

## 한 놈만 패는 세상

영화 「주유소 습격사건」에서 유오성이 연기한 '무대포'라는 캐릭터는 무식의 전형을 보여 준다. 그의 캐릭터를 가장 잘 대변하는 대사가 바로 "백 명이든 천 명이든 나는 한 놈만 패."인데 영화가 개봉했던 1999년은 아직 스마트폰이 나오기 훨씬 전이었고 그럴듯한 논리와 아름답고 따뜻한 은유가 판치던 시절이었다. 당시 아무도 주목하지 않았던 그 무식한 대사가 포노 사피엔스 시대를 맞이한 지금, 이제는 절대 무시할 수 없게 되었다.

백 명이든 천 명이든 한 놈만 팬다는 건 사실 좋은 전략이다.

**23**

물론 승산 없는 싸움에서 가장 현명한 선택은 도망가거나 적당히 타협하여 아예 싸움을 하지 않는 것이지만 어차피 싸워야 한다면 한 놈만 패는 게 최선이다. 최소한 그 한 놈에게는 치명상을 줄 수 있기 때문이다. 백 명에게 골고루 타격을 가하려 했다가는 주먹 한 번 휘둘러 보지 못 하고 먼저 쓰러질 것이다.

커뮤니케이션도 마찬가지다. 정보가 부족했던, 즉 TV와 신문이 절대적이었던 시절에는 – 사실 그 당시 사람들도 정보가 넘치면 넘쳤지 부족하다는 생각은 하지 않았다 – 많은 내용에 대한 거부감이 없었다. 많은 내용은 곧 많은 정보를 의미했고, 많은 정보는 곧 힘이자 재산이었기 때문이다. 사람들은 더 많은 정보를 원했고 새로운 정보라고 생각되면 통장에 적금 붓듯이 일단 머릿속에 꽉꽉 채워 저장하기 바빴다. 하지만 지금은 어떤가. 정보가 많은 건 둘째 치고 그 많은 정보들 속에서 원하는 내용만 쉽고 빠르게 편취할 수 있는 세상이다. 예전에는 당뇨병의 초기 증상에 대해 알고 싶으면 도서관에 가서 책을 찾아 읽거나 의사를 만나야 했지만 이제는 스마트폰으로 10초 만에 알 수 있게 된 것이다.

# 지금까지의 커뮤니케이션 이론은 죽었다

미국 메이저리그 구단이 몇 개인지도 모르고, 알 수 있는 방법도 모르던 시대와 화장실 변기에 앉아 구단 이름과 소속 선수들의 명단부터 성적까지 한눈에 볼 수 있는 시대의 커뮤니케이션은 달라야 한다. 정보가 넘치다 못해 폭발하는 시대를 살고 있는 포노 사피엔스들에게 우리의 메시지를 알리고 기억까지 시키려면 지금까지의 전달 방식과 이론을 완전히 뒤집어엎어야 한다는 뜻이다.

먼저 정보를 대하는 그들의 특징을 알아보자. 아래의 특징들은 체계적으로 조사한 것이 아니라 필자가 15년이라는 세월 동안 비즈니스 필드에서 직·간접적으로 보고 듣고 느낀 점을 토대로 내린 결론임을 밝혀 둔다. 하지만 크게 틀리지는 않을 것이다. 바로 당신 이야기이니까.

첫째, 감흥을 못 느낀다.

알 수도 없고, 알 필요도 없고, 알아서도 안 되는 자극적인 정보와 영상들에 무차별적으로 노출된 포노 사피엔스들은 이제 어지간한 임팩트가 아니면 놀라지 않는다. 비단 폭력적이고 엽기적인 것뿐만 아니라 연예인들의 사생활과 신문에 올릴 가치조차 없는 정치인들의 막말까지 온갖 쓰레기 정보들이 다양한 채널을

통해 무차별로 쏟아지다 보니 도파민 하이잭킹Dopamine Hijacking[1]이
라는 표현이 나오는 것도 무리는 아니다. 이제는 개가 사람을 무
는 것 정도로는 콧방귀도 안 뀐다. 최소한 사람이 개를 물어야,
그것도 한 열 마리는 물어 죽여야 '어라, 이번 건 좀 센데?' 하면
서 눈길이라도 줄까.

둘째, 집중해서 듣지 않는다.

나에게 분명 도움이 되는 내용이고 기억해 두면 언젠가 유용
하게 쓸 수 있는 정보라고 생각하면 메모까지 해 가며 집중해서
들을 것이다. 하지만 이제 사람들은 집중하지 않는다. 나중에 스
마트폰으로 찾아보면 되기 때문이다. 아무리 신선하고 좋은 내
용이라도 인터넷에 있을 법한 정보라 생각되면 사람들의 집중력
은 현저히 떨어진다. 더구나 그 내용이 별 볼 일 없다면 청중의
집중은 포기하는 게 좋다.

셋째, 인내심이 없다.

---

1)    'Slaves to Dopamine and the Hijacking of Our Brains', HUFFPOST, 2017.12.28
참고로 도파민은 즉각적인 보상과 만족을 갈망하는 신경 전달 물질로서 순간적인 도파민
분비를 좇아 쾌락을 추구하면 설탕이나 가공 식품, 혹은 마약 등 그 순간에는 행복하지
만 장기적으로는 해로운 일을 선택하게 된다. (출처: 『최강의 인생 *Game Changers: What
Leaders, Innovators, and Mavericks Do to Win at Life*』, 데이브 아스프리 저, 비즈니스북스,
2019)

기-승-전-결이라는 4단계를 당연하게 생각하던 시절이 있었다. 기-승-전의 과정이 지루하더라도, 재미없더라도 심지어 어렵더라도 사람들은 꾹 참고 기다렸다. 그래야 자기가 원하는 결론을 얻을 수 있었기 때문이다. 그렇게 믿었고 그게 화자話者와 청중 사이를 오가는 미덕이었다.

이제는 아니다. 포노 사피엔스들은 바로 결론이 나오지 않으면 금방 지루해한다. 그러다 불안해하기 시작하고 점점 짜증을 내는가 싶더니 급기야는 화를 내고 결국엔 '도대체 하고 싶은 말이 뭐냐'며 폭발한다. 최악의 경우는 발표장을 뛰쳐나가 버린다.

자꾸 옛날이야기를 해서 그렇지만 과거에는 응원하는 야구팀의 경기 결과를 알고 싶으면 늦은 시간 스포츠 뉴스를 시청하거나 다음 날 스포츠 신문을 봐야만 알 수 있었다. 이제는 스코어는 물론 누가 홈런을 쳤고 투수가 몇 개의 공을 던지고 있는지까지 실시간으로 알 수 있다.

이런 시대에 지루하고 재미도 없으며 심지어 무슨 소리인지도 모르는 기-승-전-결의 과정을 참고 듣는 사람은 없다. 하긴 태국 치앙마이Chiang Mai 사원에서 만난 어린 승려들조차 스마트폰에서 눈을 떼지 못하는데 일반 사람들이야 오죽할까.

정리하면 이렇다. 사람들은 감흥이 없고, 집중하지 않으며 인내심이 없다. 그리고 이러한 현상은 시간이 갈수록 그리고 청중의 나이가 어릴수록 더 심해질 것이다. 당장 카페나 식당에서 울고 떼쓰는 아이들을 진정시키기 위해 스마트폰을 쥐여 주는 부모들을 보라. 말도 제대로 못하는 상태에서 눈과 귀가 스마트폰의 융단 폭격에 초토화되어 버린 그 아이들이 성인이 된다고 생각해 보라. 아이가 크면 어떻게 될 것 같은가. 앞으로 이 땅에 발표자들은 그렇게 자라 온 청중을 상대로 마이크를 잡아야 한다. 즉 그들의 눈과 귀를 사로잡을 강력한 한 방이 없으면 그리고 그 한 방이 첫 번째 펀치에서 제대로 터지지 않으면 당신은 발표라는 링 위에서 처참히 찢어발겨질 것이다.

## 저 사람 다시 한 번 꼭 보고 싶다

'투자를 위한 프레젠테이션을 준비하는 창업가들에게 당부하고 싶은 말이 무엇인가'에 대한 질문에 롯데엑셀러레이터의 이종훈 본부장은 다음과 같이 답했다. 롯데엑셀러레이터는 스타트업의 투자와 지원을 위한 회사로 이종훈 본부장은 수많은 스타트업들의 IR 피칭을 듣고 평가하는 업무를 맡고 있다.[2]

---

2)    유튜브 '구은화 프레젠테이션 TV: 벤처 투자가에게 직접 듣는 IR 피칭 투자 프레젠테이션의 기술'

"많은 창업가들이 IR 할 때 투자자들에게 짧은 시간임에도 불구하고 굉장히 많은 정보를 전달하고 이해시키고 설득시키려고 합니다. 그런데 투자자들이 창업가들에게서 매력을 얻는 것은 짧게 만나더라도 '아, 저 사람 다시 한 번 다음에 꼭 시간 내서 보고 싶다.'라는 마음을 갖도록 하는 것입니다. 하지만 짧은 시간에 모든 걸 전달하려고 하다 보니까 오히려 저희(투자자)에게 잘 전달이 안 되서 투자자들이 더 어렵게 생각하는 경우가 있습니다. 그런 오류를 안 범하셨으면 좋겠고 처음 미팅에서는 그 목표를 심플하게 가져가셨으면 좋겠습니다."

한마디로 요약하자면 '하나만' 말하라는 것이다. 그래서 결국 그 하나 때문에 더 알고 싶고, 더 듣고 싶게 만들어 달라는 것이다. 이게 하나만 말해야 하는 이유다. 간단하지 않은가. 하나만 말하면 되는 것이다. 곰곰이 생각해 보자. 상대방에게 "하나만 기억하시면 됩니다."라거나 "다른 건 다 몰라도 이거 하나만 아시면 됩니다."라는 말을 들었을 때 왠지 모를 안도감과 편안함이 밀려오지 않았던가. 당신의 발표를 듣는 청중에게도 그러한 편안함을 선물해야 한다.

# 유튜브 YouTube 를 이길 수 있는가

하나만 말해야 하는 이유가 하나 더 있다. 바로 유튜브 때문이다. 정보와 지식은 물론 즐거움과 자극까지 모든 시각적 소스를 유듀브를 통해 얻든 이들의 관심을 끌려면 그리고 반드시 전달해야 하는 메시지까지 듣게 하려면 – 심지어 이해까지 시키려면 – 당신의 프레젠테이션은 무조건 유튜브보다 빠르고 재밌어야 한다. 한마디로 이제 대중과 청중을 대상으로 하는 모든 커뮤니케이션은 유튜브보다 느리거나 지루하면 죽는다는 뜻이다. 나는 그 기간을 3년으로 보고 있다. 이것도 굉장히 넉넉하게 잡은 것이지만 이보다 더 빨라진다 해도 전혀 이상하지 않을 것이다.

문제는 과연 프레젠테이션을 유튜브보다 빠르고 재미있게 할 수 있느냐 하는 것인데 물론 아주 불가능한 것은 아니다. 하지만 많은 비용과 노력 그리고 준비가 필요할 것이다. 그리고 모든 프레젠테이션을 그렇게 할 수도 없다. 그렇다면 가장 현실적인 대안은 무엇일까. 두말하면 잔소리지지 않은가. 가장 강력하고 핵심적인 하나의 메시지를 최대한 빨리 청중의 눈과 귀에 꽂아야 한다. 그것뿐이다.

# Welcome to KILLING MESSAGE[3]

많은 것들을 늘어놓고 자랑하던 시대는 끝났다. '많으면 있어 보인다'는 근거 없는 통설은 집어치우자. 많으면 있어 보이는 것이 아니라 하나도 안 보이고 하나도 안 들린다. **하지만 하나만 보여 주면 그 하나는 확실히 보이고 확실히 들린다.**

단 하나이기 때문에 그리고 기회는 한 번뿐이기에 그 한 발을 정말 소중히 아끼고 다듬어야 한다. 바로 그 한 발을 필자는 '킬링 메시지'라고 부른다. 물론 당황스럽고 어려울 것이다. 모든 역량과 에너지를 오직 하나의 메시지에 집중시켜야 한다는 게 처음에는 무모하게 느껴질 것이다.

하지만 그만큼 그 한 발이 가져다주는 효과는 강력하다. 그리고 무엇보다 청중은 딱 한 발만 맞길 원한다. 영화 「머니볼 Moneyball」에서 브래드 피트가 했던 대사를 음미하며 킬링 메시지의 세계로 들어가 보자.

"머리에 총 한 발이 낫겠어, 아니면 가슴에 다섯 발이 낫겠어?"

---

3) 　　킬링 메시지(Killing Message): 전철웅 마스터가 고안한 커뮤니케이션 전략 이론으로서 프레젠테이션을 관통하는 단 하나의 메시지를 말한다. 청중의 뇌리에 어떤 메시지를 각인시킬 것인가에 따라 프레젠테이션의 방향이 결정된다.

# — 02 —

# 설득의 종말, 관심의 부상 浮上

전작 『프레젠테이션의 신』에서 필자는 프레젠테이션이라는, 발표자
에게 지극히 불리한 환경에서 설득을 한다는 것 자체가 얼마나 무모
한 일인지 밝힌 바 있다. 이번에는 설득의 종말을 고하려 한다.

## 설득은 과대평가되었다

설득만큼 비즈니스 커뮤니케이션에 하등 도움도 안 되면서 과
대평가된 단어가 또 있을까. 전문가들은 청중을 설득해야 한다
면서 남 이야기하듯 잘도 떠들어 대지만 결국 '아, 설득이 이렇게
나 어렵구나.' 하는 좌절만 안겨 줄 뿐이다. 특히 프레젠테이션에
있어 설득이라는 개념은 너무나 견고한 것이어서 '프레젠테이션
은 설득이다'라는 말을 철석같이 믿고 있는 사람들이 태반이다.

우선 발표자가 청중의 결정에 관여하겠다는 생각 자체부터가
대단한 착각이다. 왜냐하면 결정과 선택은 청중의 몫이기 때문

**이다.** 청중이 바보들도 아니고 10분 안 되는 – 심지어 경쟁 프레젠테이션의 발표 시간은 점점 더 줄고 있다 – 시간 동안 설명만으로 생각을 바꾸게 하겠다는 발상 자체가 얼마나 오만방자한가. 그리고 청중을 설득하겠다는 건 나의 본질이 별 볼 일 없다는 걸 스스로 자인하는 꼴이다. 별 볼 일 없으니 소설가 마루야마 겐지丸山健二의 말처럼 그 자체만으로 승부를 보지 못하고 감언이설로 청중을 꼬시려 하는 것이다. 정말 본질이 뛰어나다면 그냥 꺼내어 놓기만 하면 된다.

> "언어에 의지하고 싶지 않아서, 언어로는 표현할 수 없는 세계를 창조하기 위해서 화가가 되고 조각가가 된 게 아니었나요. 그들의 세계에는 언어 따위는 파고들 여지가 조금도 없어야 하는데 말이지요. 아마 그들은 허풍스럽고 압도적인 언어에 의지할 수밖에 없는, 그 정도 재능밖에 없는 이들이겠지요. 작품을 보는 이 앞에 묵묵히 내놓을 자신이 없으니 불안에 쫓겨, 위대한 작품이라도 되는 양 설명하는 것이겠지요."
>
> _『아직 오지 않은 소설가에게 Kitchen Confidential Updated Ed』,
> 마루야마 겐지 저, 바다출판사, 2019

하지만 가장 큰 문제는 시간이다. 제아무리 북극에서 에어컨을 팔고 히틀러에게 노벨 평화상을 추서追敍할 수 있을 정도의 신이 내린 언변을 가졌다 하더라도 상대방이 내가 하는 말에 집중하지 않으면 아무 소용없다. 몇 번이나 강조하고 또 하겠지만 이제 사람들은 결과를 얻기 위해 지루한 과정을 기다리지 않는다.

주말 드라마 한 편을 보기 위해 한 주를 기다리던 시절을 생각해 보자. 그렇게 목 놓아 기다리던 드라마를 마침내 보려는데 광고는 또 왜 이리 많은지. 그렇게 광고를 견디고 나서 이제 시작하나 싶지만 이번에는 지난주 줄거리가 나온다. 이처럼 드라마 한 편도 견디고 기다려야만 결과물을 볼 수 있었다.

하지만 지금은 어떤가. 넷플릭스Netflix는 광고 없이 드라마의 전全 시즌을 논스톱으로 볼 수 있다(이러한 몰아 보기 시청을 Binge-watch라고 한다). 건너뛰기 버튼으로 지난 줄거리는 가볍게 무시하면서 말이다. 심지어 보다가 지루하거나 할 일이 생기면 – 혹은 더 재미있는 일이 생기면 – 멈췄다가 다시 볼 수도 있다. 나 역시 「워킹 데드Walking Dead」와 「하우스 오브 카드House of Cards」를 그렇게 봤고 「빌리언스Billions」와 「한니발Hannibal」을 그렇게 보고 있다. 그런 사람들에게 제발 내 이야기 좀 들어 보라고, 집중하라고, 가만히 있어 보라고 하는 게 말이 된다고 생각하는가. 차라리 강아지를 집중시키는 것이 더 쉬울 것이다.

하지만 여전히 많은 사람들은 설득의 힘을 믿는다. 설득할 힘을 가지고 있지도 그리고 한 번도 가져 본 적도 없으면서 말이다. 구체적인 사례를 들먹이며 설득을 통해 자신이 이루어 낸 화려한 업적을 자랑하는 이들도 있다. 하지만 그건 설득이 통한 것이 아니라 타이밍이 맞았을 뿐이다. **마침 목마른 사람 앞에서 생수병을 흔들었다는 뜻이다.** 물론 잘 보이도록 흔들었으니 선택을 받았을 것이다. 목마른 사람이 잘 볼 수 있도록 흔드는 것이 바로 프레젠테이션 기획이고 생수병을 좀 더 있어 보이고 청량해 보이도록 하는 모든 과정이 바로 슬라이드 디자인이다. 그리고 너무나 당연한 말이지만 본질이 뛰어날수록 타이밍이 맞을 확률은 높아진다. 문제는 단지 타이밍이 맞았을 뿐인데 설득을 했다고 호들갑을 떨고 다니는 사기꾼들이 정말 많다는 것이다. 있지도 않은 설득의 기술과 측정이 불가능한 설득력을 장착하려고 하니까 프레젠테이션이 어려운 것이다.

백 번 양보해서 설득의 기술을 배울 수 있다 하더라도 그것은 분명 인고의 시간을 필요로 하는 일이다. 반드시 많은 경험이 동반되어야 하며 셀 수도 없는 실패와 번민의 과정을 밟아야 할 것이다. 직장 때려치우고 입산入山하여 작심하고 배우지 않는 한 겉만 겨우 핥고 나서 '아, 설득이란 이런 맛이군.' 하고 입맛만 다실 뿐이다. **한마디로 설득의 기술을 배워서 그 기술로 청중을 설득하여 프레젠테이션을 승리로 이끈다는 말은 거짓말이다**(물론 가끔 설득과 선동을 혼동하는 바보들이 있긴 하지만 당신은 아니길 바란다).

## 관종 시대의 커뮤니케이션

'관종', 관심종자를 일컫는 이 싸구려 축약어를 정말 싫어하지만 인정하지 않을 수 없다. 관종의 시대라는 사실을. 관심을 끌지 못하면 설명은 고사하고 슬쩍 보여 줄 기회조차 얻지 못한다. 아래 광고 문안들을 보자.

'도전이 있다. 성공이 있다.'
'취업과 미래를 책임지겠습니다'
'입학에서 취업까지 최고의 교육 환경'
'우리 안에서 더 큰 내일을 봅니다'
'나의 꿈을 다시 꺼내 본다'

최근 몇 년간 서울 지하철 스크린 도어에 게시된 대학교 지하철 광고 헤드 카피head copy들이다(기억의 오류로 인해 몇몇 단어는 틀릴 수 있으나 논조는 정확하다). 놀라운 건 저 중에 제주대학교 카피가 있다는 사실이다. 제주대학교가 어떤 학교인가. 유네스코 세계 자연유산World Natural Heritage에 등재된 천혜의 관광 자원으로 둘러싸인 제주도에 있는, 즉 우리나라에서 유일하게 섬 안에 자리잡고 있는 국립 4년제 대학교가 바로 제주대학교다. 다른 학교들은 갖고 싶어도 도저히 가질 수 없는 너무나 유니크한 환경을 가지고 있는 제주대학교의 카피가 저 속에 있었다. 정말 안타까웠다. 너무나 안타까워 결국 한동안 잠자고 있던 오지랖이 발동하여 직접 지하철 광고 시안을 만들었다.

사진 한 장. 카피 한 줄. 이게 끝이다. 이제 상상을 해 보자. 수험생을 둔 학부모가 지하철 승강장 앞에 서 있다. 그때 스크린 광고가 눈에 들어온다.

"그 섬에 가고 싶다. 제주대학교"

서울에 지하철 광고를 게시했다는 건 서울에 살지만 지방에 있는 대학교를 갈 수밖에 없는 학생과 학부모들을 타깃으로 했다는 뜻이다. 그렇다면 광고를 보고 이런 생각을 할 수도 있지 않을까.

'그래, 우리 아들이 솔직히 인 서울in Seoul은 힘들지. 다행히 지방 국립대는 갈 수 있을 거야. 이왕 지방에서 학교를 다닐 거면… 그래, 제주도도 나쁘지 않을 것 같은데. 아들한테 물어봐야겠다.'

이번엔 마지막 모의고사를 망친 수험생이 승강장 앞에 서 있다.

광고가 눈에 들어온다.

"그 섬에 가고 싶다. 제주대학교"

'이 성적으로 인 서울은 힘들겠지… 재수는 정말 하기 싫은데.

제주대학교라… 그래, 이왕 하는 대학 생활 제주도에서 하는 것도 괜찮을지 몰라. 좋은 기회가 될 수도 있어. 그리고 제주도는 섬 전체가 데이트 코스니까 여자 친구를 사귀면 정말 신날 거야. 당장 알아봐야겠다.'

　여기서 주목해야 할 부분은 각각의 마지막 두 문장이다. '아들한테 물어봐야겠다'와 '당장 알아봐야겠다'. 광고를 보고 이런 생각을 했다는 건 무엇을 뜻하는가. 바로 제주대학교에 관심이 생겼다는 뜻이다. 자, 이제 관심이 생겼으니 그 다음에는 어떤 행동을 하게 될까. 그렇다. 제주대학교 홈페이지에 들어가 볼 것이다. 그렇지 않은가. 관심이 생겼으니 제주대학교에 관한 모든 것들이 궁금해진 것이다. 입시 전형은 어떻게 되는지, 어떤 학과들이 있는지, 기숙사 시설은 어떻게 되는지, 장학 제도는 어떠한지 등등… 학교 측에서 예비 고객(수험생과 학부모)들에게 그토록 알리고 싶었던 학교의 모든 정보들을 고객이 알아서 홈페이지에 들어와 찾아보는 것이다. 바로 관심이 생겼기 때문이다. 학교에 관한 자잘한 정보를 광고판에 깨알같이 적어 놓은들 어차피 관심이 없으면 쳐다보지도 않는다.

　그렇다면 학부모와 수험생의 관심을 불러일으킨 건 무엇일까. 바로 '섬'이다. 앞서도 말했지만 섬이라는 단어와 콘텐츠는 우리나라에서 오직 제주대학교만이 쓸 수 있다. 서울대학교도 못 쓴다. 아이비리그Ivy League 대학도 못 쓴다. 오직 제주대학교만 쓸 수 있다. 그런데도 그런 판에 박힌 카피를 쓰고 있으니 답답할 따름이다.

냉정하게 말해서 대한민국의 대학은 세 그룹으로 나뉜다. 명문대 그룹과 인 서울 그룹, 그리고 지방대 그룹. 그룹 내에서도 어디가 더 높으니 어디가 더 좋으니 우겨 봤자 사회에 나오면 다 저세 그룹으로 정리되기 마련이다. 어차피 똑같은 지방대라면 그 안에서 어떻게든 차별화를 찾아내야 한다. 그리고 그렇게 찾아낸 바로 그 하나, 그 하나만 가지고 승부를 봐야 하는 것이다. 그게 바로 '섬'인 것이고 그 '섬'이 바로 책을 통해 일관되게 부르짖게 될 킬링 메시지가 되는 것이다(참고로 제주대학교 관계자에게 위두 안의 광고 시안을 이메일로 보냈지만 그 어떤 피드백도 받지 못했다. 응대할 가치를 못 느꼈거나, 반응을 보이면 일이 커질지도 모른다고 생각했거나 둘 중 하나이지 않았을까).

## 엄청난 결정은 사소한 관심에서 시작한다

투자의 귀재라 불리는 짐 로저스Jim Rogers 회장에게 투자를 받은 스탠다드 그래핀Standard Graphene의 이정훈 대표[1]는 인터뷰에서 다음과 같은 이야기를 털어놓았다.

"이 대표는 '지난해 5월 지인의 소개로 싱가포르에서 로저스 회장을 만났는데 로저스 회장은 그래핀 사업 설명을 15분 정도 듣더니 중단시키고 설명한 내용을 다 믿겠다며 몇 가지 질문을 던졌다'며 투자 유치 과정을 털어놨다. 이 대표는 '그래핀 대량 생산이 가능한가, 자기를 부자로 만들어 줄 수 있는가, 확신하는가'라고 묻기에 문제없다고 했고, '로저스 회장이 부모님을 만나고 싶어 해 그 이유를 물었더니 그냥 보고 싶다고 해서 그해 여름에 어머니를 모시고 싱가포르로 갔다. 싱가포르에서 로저스 회장 가족과 시간을 보낸 뒤 투자가 결정됐고, 한국 방문과 기자 간담회 참석도 흔쾌히 응했다'고 말했다."

이 말을 믿는가. 평생을 투자자로 살아온 사람이 질문 몇 개 던지고 투자처 대표의 부모님을 만나 본 뒤 투자를 결정했다는 사실을.

그렇다면 다음 사례는 어떤가. 소프트뱅크Soft Bank의 손정의Son Masayoshi 회장은 알리바바Alibaba의 마윈Jack Ma 회장을 처음 만난 자리에서 거액을 투자하기로 한 이유와 첫인상에 대해 니혼게이자

---

1) '희귀암 환자 3,500㎞ 기적의 완주를 후원하다', 매일경제, 2017.1.31

이신문日本經濟新聞의 스키모토 다카시杉本 貴司 기자에게 다음과 같이 설명했다.

"만나서 5분 만에 출자를 결정했습니다. 눈에서 엄청난 카리스마가 느껴졌습니다. 동물적인 감각으로 냄새를 맡았다고나 할까요? 이 사람이 100명의 부하들에게 물에 뛰어들라 하면 모두 뛰어들겠구나, 아니 불 속으로 뛰어들라 해도 따를 사람이 있겠구나 싶었습니다. 잭이 발산하는 어마어마한 힘은 결코 회계 지식이나 수학 지식에서 나오는 그런 것이 아니었습니다."

_『손정의 300년 왕국의 야망孫正義 300年王國への野望』,

스키모토 다카시 저, 서울문화사, 2018

놀라운 건 손정의 회장이 처음에 투자를 제안한 금액은 400만 달러였으나 마윈 회장이 부담을 느껴 결국 200만 달러만 투자하는 것으로 합의했다는 것이다. 그리고 그 200만 달러는 우리가 다 아는 것처럼 손정의 회장에게 10조 엔, 한화로 환산하면 109조 1천억 원(2019년 7월 환율 기준)이라는 '엄청난'이라는 표현도 부족할 정도로 말도 안 되는 가치로 돌아왔다. 이건 믿어지는가. 200만 달러를 처음 만나 자리에서 투자하기로 – 원래는 더 하고 싶었지만 – 결정했다는 사실을. 그것도 마윈 회장의 눈빛만 보고 말이다.

실제로 모든 위대하고 대단하며 놀라운 거래는 전부 별거 아닌 사소한 '관심'에서부터 시작했다. 하지만 사람들이 잘 구분하지 못하는 것이 있다. 투자를 결정하는 것과 실제 투자를 하는 것은 별개라는 사실이다. 다시 말해 '내가 저 사람한테 투자해야겠다.'라고 마음속으로 생각하는 것과 실제 그 사람의 통장에 투자금을 이체시키는 건 전혀 별개의 일이다. 짐 로저스와 손정의 회장이 투자를 하겠다는 결정을 내렸더라도 그 결정이 실행되기 위해서는 구체적이고 꼼꼼한 실사 과정을 반드시 거쳐야 한다. 그리고 언론에는 밝히지 않은 혹은 밝히지 못한 자칫 투자 계획이 취소될 만한 우여곡절도 분명히 있었을 것이다. 그리고 우리 (대중)에게는 동화와 같은 아름다운 결과만 전해진다. 즉 길고 지루하며 피 말리는 실사와 조사 과정을 거쳐야만 투자가 이루어지지만 그 전에 반드시 투자 대상에 대한 관심이 있어야 하는 것이다.

이처럼 엄청난 규모의 투자나 결정은 정말 사소하고 별것 아닌 관심에서 시작된다. 하지만 많은 사람들은 그 '관심'의 과정을 무시한 채 처음부터 우리 제품이, 우리 계획이, 우리 기술력이 얼마나 대단하고 훌륭한지 장광설長廣舌을 늘어놓기에 바쁘다. 정작 상대방은 관심도 없는데 말이다. 당신의 본질이 아무리 훌륭해도 상대방이 관심이 없으면 그리고 관심을 끌지 못하면 아무 소용없다. 그래서 우리에겐 상대방의 관심을 순식간에 낚아챌 강력한 미끼가 필요하다.


## 하나가 없다는 건 아무것도 없다는 뜻이다


하나만으로 충분하다. 사람들은 하나만 기억한다. 그렇게 찾은 바로 그 하나를 날카롭게 다듬어 청중과 고객의 심장과 뇌리에 깊숙이 쑤셔 넣어야 한다. 이게 바로 포노 사피엔스들이 득세하는 시대의 커뮤니케이션이다.

사람들의 집중력은 점점 더 떨어지고 길고 어려운 문장과 내용을 해석하기 점점 더 싫어할 것이다. 영혼 없이 몸만 살아 움직이는 좀비처럼 어슬렁거리다 작은 종소리 하나에도 움찔하며 격한 반응과 관심을 보이는 그들은 더 쉽게 흥분하고, 더 쉽게 속고, 더 쉽게 선동당한다(만약 괴벨스Paul Joseph Goebbels가 이 시대에 다시 태어난다면 '기막힌 세상'이라며 덩실덩실 춤을 추지 않았을까).

혹시 여러 개를 보여 줄 생각인가. 자랑할 거리가 너무 많아 고민인가. 그렇다면 그중에서 제일 좋은 하나만 선택해라. 관심과 자극에 목마른 고객들이 나머지는 알아서 찾을 테니까.

## — 03 —

# 이것이 킬링 메시지다

킬링 메시지는 도처에 널려 있다. 우리가 그걸 킬링 메시지라고 부르지 않을 뿐이다. 때로는 너무나 평범한 단어와 이미지로 나타나기 때문에 눈치채지 못하지만 일단 노출되면 당신의 오감은 속절없이 유린당한다. 정신을 차려보니 카드를 긁고 있다면 킬링 메시지에 당한 것이다.

### <u>모텔 사장님의 한 방</u>

'그날의 피로는 연애로 푼다'

피로 회복제 박카스의 '그날의 피로는 그날에 푼다'라는 카피를 패러디 한 것이 분명한 이 문구는 경기도 양평군 남한강변에 줄지어 서 있는 수많은 모텔들 중 한 곳에 붙어 있었다. '대실 2만 원', '전 객실 강ェ 조망', '최신 시설 완비' 같은 천편일률적인 표현의 홍수 속에서 홀연히 빛나고 있던 그 현수막을 본 순간 나는 오길비 David Ogilvy [1]를 떠올렸다. 대단한 카피라고 생각했다.

건설 회사에 근무하며 1년간 호텔 사업부 업무를 겸했던 경험을 근거로 자신 있게 말하건대 손님들이 교외에 위치한 모텔을 선택하는 기준은 단순하다. 깨끗하고 좋아 보이면 그냥 들어간다. 골라 봤자 다 거기서 거기이기 때문이다. 그리고 강변에 있는 모텔치고 강 조망 안 되는 곳이 어디 있으며 대실료 역시 내려갈 대로 내려간지라 −지금은 모르겠지만− 가격적 차별화를 꾀하기도 힘들다. 저 문구를 생각해 내기까지 모텔 사장님 뇌 속의 뉴런 neuron 세포들이 얼마나 땀을 흘렸을지 상상이 간다.

  그럼 손님 입장에서 문구를 다시 바라보자. 아무리 오래된 연인 사이라 할지라도 대낮에 불쑥 모텔에 들어가기 쉽지 않다. 쑥스럽고 민망하니까. 더구나 소위 러브호텔의 주 고객인 불륜 커플들이라면 더 그럴 것이다. 하지만 모든 어색한 상황이 그렇듯 별거 아닌 작은 유머나 웃음거리에도 분위기가 순식간에 부드러워지고 편해지는 법. 얼마나 많은 커플들이 저 문구에 이끌려 피로를 풀고 갔는지는 알 길 없지만 확실한 건 '그날의 피로는 연애로 푼다'라는 메시지는 분명 강변을 달리던 수많은 사람들의 뇌리에 분명히 박혔을 것이라는 사실이다. '피로'와 '연애'라는 너무나 쉬운 단어와 메시지로 이뤄 낸 쾌거가 아닐 수 없다.

---

1)      다국적 광고 회사 오길비 앤 매더(Ogilvy & Mather)의 설립자이자 브랜드 이미지 전략을 체계화시킨 광고 전략가. (네이버 지식백과: 10명의 천재 카피라이터, 김동규, 2013.2.25)

# 고작 설탕물이나 팔면서

펩시Pepsi의 존 스컬리John Scully(이하 스컬리) 사장을 향해 스티브 잡스Steve Jobs는 도발적인 멘트를 날린다.

> "설탕물이나 팔면서 남은 인생을 보내고 싶습니까, 아니면 세 상을 바꿀 기회를 붙잡고 싶습니까?"[2]

스컬리가 저 멘트를 듣자마자 머리를 얻어맞은 듯한 충격과 함께 애플Apple로의 이직을 결심하게 되었다는 스토리는 이제 너무나 유명한 전설이 되었다. 당시 스컬리는 코카콜라와 함께 전 세계 음료 시장을 양분하고 있는 펩시의 수장이었다. 그리고 애플은 이제 막 성장하기 시작한 분야도 생소한 컴퓨터 회사였다. 누구라도 망설이고 주저했을 것이다. 그런 사람에게 같이 꿈을 이루자는 둥, 새로운 기회가 될 거라는 둥, 스톡 옵션stock option 두둑이 챙겨 줄 거라는 둥, 컴퓨터가 미래라는 둥 이런 콜라 김빠지는 소리만 늘어놓은들 콧방귀도 뀌지 않았을 것이다. 하지만 스티브 잡스는 날카롭게 다듬은 킬링 메시지를 찔러 넣었고 그대로 스컬리의 폐부 깊숙이 박혀 버렸다. 바로 '설탕물, sugared

---

2)    『스티브 잡스Steve Jobs』, 월터 아이작슨 저, 민음사, 2011

water'이다.

그렇다. 제아무리 펩시라 하더라도 그 순간에는 한낱 설탕물이었던 것이다. 무려 4개월에 걸친 끈질긴 구애에도 그냥 애플의 고문으로 남고 싶다며 양다리를 작전을 구사하던 스컬리를 무너뜨린 건 연봉도, 복지도, 미래도, 보너스도 아니었다. 고작 설탕물이라는 단어에 무너진 것이다.

국내에도 대통령에게 기가 막힌 킬링 메시지를 사용한 기업인이 있다. 바로 이재용 부회장이다.

2019년 4월 30일, 삼성전자의 '시스템 반도체 비전 선포식'에 참석한 문재인 대통령은 삼성전자가 짓고 있는 EUV(극자외선) 건설 현장을 방문한다. 당연히 삼성전자 정승은 사장과 이재용 부회장이 동행했는데, 정 사장이 '20조 이상 투자해서 만드는 설비'라고 대통령에게 설명하자 옆에 있던 이재용 부회장은 적극적으로 손가락 세 개를 펴 보이며 "여기 들어가는 돈으로 인천공항 세 개 짓습니다."라고 해맑게 웃으며 – 정말 그랬다 – 말했다.[3] 그러자 문재인 대통령은 화들짝 놀라며 "그래요?"라는 대답과 함께 규모를 실감하는 눈치였다. 20조면 너무나 엄청난 금액이다. 하지만 말 그대로 너무나 엄청나기 때문에 우리는 실감하지 못한다. 하지만 '인천공항'이라는 측정 가능하고 머릿속에 곧바

---

3) '이재용, 이 공장 짓는 돈이 인천공항 3배입니다', 동아일보, 2019.5.1

로 그릴 수 있는 킬링 메시지를 들이대면 금방 알아차리는 것이
다. 이재용 부회장이 킬링 메시지를 구사하는 해당 영상은 인터
넷에서 쉽게 찾아 볼 수 있다.


## 하나만 남기면 열을 얻는다


여기서 절대 오해하면 안 되는 것이 있다. 하나만 말한다고 해
서 나머지를 포기하고 버리라는 것이 아니다. 많은 사람들이 바
로 이 부분 때문에 하나만 말하는 것에 두려움을 갖곤 한다. 하지
만 하나만 강조하면 강조된 그 하나는 당연히 부각될 것이고 그
로 인한 후광 효과로 다른 나머지들까지도 같이 주목 받게 되는
것이 바로 킬링 메시지의 마력이다.

법정 스님의 시그니처 콘텐츠인 '무소유無所有'도, 여전히 많은
사람들의 라이프 스타일을 변화시키고 있는 '미니멀리즘minimalism
운동'도 결국 제일 좋은 것 하나, 가장 가치 있는 것 하나면 충분
하다는 것이지 다른 것들을 무시하라는 것이 아니다.

'피로'와 '연애'라는 킬링 메시지가 있었기 때문에 고객들이 모
텔에 관심을 가진 것이고, 관심을 가졌기 때문에 모텔에 들어갔
을 것이고, 들어갔기 때문에 모텔의 시설이나 서비스 등을 알 수
있는 것이다. '설탕물'이 있었기 때문에 스컬리의 마음이 움직인

것이고, 마음이 움직였기 때문에 그때부터 스티브 잡스와 애플에 대해 더 알고, 더 느끼고, 더 좋아하게 된 것처럼 말이다.

**정말 좋은 하나가 있어야 다른 좋은 것들도 진가를 드러낼 기회를 얻는 것이다.** 이것이 킬링 메시지고 이것이 바로 킬링 메시지의 힘이며 우리가 하나만 이야기해야 하는 절대적인 이유다.

## 프레젠테이션의 내비게이션

이제 내비게이션 없는 운전은 상상할 수 없다. 프레젠테이션에도 내비게이션이 있다. 바로 킬링 메시지다. 킬링 메시지는 수많은 변수와, 갈등, 위기, 의심 등 프로젝트를 준비하는 과정에서 발생하는 여러 내·외적 충격에도 흔들리지 않도록 중심을 잡아줄 뿐만 아니라 여러 크고 작은 결정의 기로에서 망설임 없이 옳은 결정과 선택을 할 수 있는 확신을 준다.

예를 들어 여러분이 기존의 낡고 오래된 이미지를 벗어나 밀레니얼 세대millennials[4]를 위한 새로운 서비스를 출시하는 프레젠

---

4)　　1980년대 초반~2000년대 초반 출생한 세대를 가리키는 말로, 정보기술(IT)에 능통하며 대학 진학률이 높다는 특징이 있다. 이들은 2008년 글로벌 금융 위기 이후 사회에 진출해 고용 감소, 일자리 질 저하 등을 겪은 세대이기도 하다. [네이버 지식백과] 밀레니얼 세대 (시사상식사전, pmg 지식엔진연구소)

테이션을 준비하면서 'A fresh start, 신선한(상쾌한) 출발'이라는 킬링 메시지를 선정했다고 가정해 보자. 이제 발표자를 선정해야 한다. 보통은 그 사업의 그룹장이나 팀장이 했겠지만 이제는 킬링 메시지가 있으니 '신선하고 상쾌한 메시지를 전달하려면 어떤 발표자가 효과적일까'를 고민하게 된다. 결정에 앞서 킬링 메시지의 기준에 먼저 맞춰 보게 되는 것이다. 그렇다면 '신입 사원을 발표자로 세워 보자'라는 과감한 의견도 나올 수 있는 것이다. 평소 같았으면 망설이거나 감히 생각도 못할 아이디어도 킬링 메시지라는 확고한 기준이 있기에 열린 마음으로 검토하고 실행할 수 있다.

이렇듯 킬링 메시지가 무게 중심을 잡고 있으면 발표자의 선정뿐만 아니라 발표 장소, 발표자의 복장, 슬라이드 디자인, 청중에게 제공하는 식사 메뉴나 선물까지 청중과 심사 위원들에게 일관되고 강력한 메시지를 전달할 수 있게 된다. 그리고 그렇게 전달된 메시지는 청중의 뇌리에 확실하게 박제되는 것이다.

"그래, 그 회사는 다른 건 모르겠는데 뭔가 신선했어."

## '선명한 기억보다 흐릿한 기록이 낫다'

국가기록원에서 만난 어느 기록 연구사의 슬라이드에서 본 문구이다.

발표자가 저지르는 가장 큰 실수 중의 하나가 내가 하는 말을 청중들이 전부 다 기억할 것이라는 착각이다. 들을 때는 고개도 끄덕이고 집중하는 것 같지만 – 실제 그 순간에는 집중을 하겠지만 – 그때뿐이다. 거듭 강조하겠지만 청중은 당신 발표만 듣는 게 아니다. 당신의 발표를 듣기 위해 머릿속 어느 공간을 비워 놓는 게 아니라는 뜻이다. 일상과 업무에 관련된 여러 생각과 고민들, 그리고 온갖 잡다한 정보들로 머릿속이 꽉 차 있는 청중에게 당신의 발표를 욱여넣어야 하는 것이다.

많은 걸 기억시키겠다는 과욕을 버려야 한다. 발표자만큼 청중은 절실하지 않다. 발표자만큼 청중은 진지하지 않다. 발표자만큼 청중은 급하지도 않다. 그들에게 너무 많은 부담을 주지 말아야 한다. 대신에 다른 건 다 몰라도 좋으니 이거 하나만 기억해 달라고 하면 바보가 아닌 이상 그 정도는 해 주는 것이다. 혹시 청중에게 전달하지 못한, 기억시키지 못한 내용이 아까워 불안한가. 그러면 보고서는 왜 만드는가. 설명서는 왜 제출하고 홍보 자료는 뭐 하러 준비하는가. 걱정하지 말자. 다 기회가 있고 순서가 있다. 킬링 메시지가 그 기회를 만들어 줄 것이다.

그러니 딱 한 잔만 원하는 청중의 입에 술병을 들이붓는 무례를 범하지 말자. 그들은 이미 많이 취했다.

# 04

# 경쟁 프레젠테이션에서
# 이기고 싶으면 하나만 기억시켜라

세상에서 가장 신나는 구경이 바로 경쟁 프레젠테이션이다. 그럴 수
만 있다면 관람료라도 내고 보고 싶은 심정이다. 정말 바보 같은 프
레젠테이션이 많기 때문이다. 그리고 대부분은 자신들이 무슨 바보
짓을 했는지 모른다.

## 듣도 보도 못한 경쟁의 시대

먼저 '내가 속한 조직과 부서는 그리고 내가 맡은 업무는 경쟁
프레젠테이션을 할 일이 없다'라든가 '우리 회사가 발주처고 원
청原請이다. 어디 가서 경쟁할 일은 없다'라고 생각하는 사람이 있
다면 이 말을 꼭 해 주고 싶다.

"경쟁이 필요 없는 조직(사람)은 반드시 경쟁에 직면한다."

에버랜드의 경쟁 상대는 어디일까. 롯데월드(였)다. 하지만 이

제는 아니다. 에버랜드와 롯데월드의 경쟁 상대는 미세먼지다. 상상이나 했을까. 자신들의 경쟁 상대가 먼지가 될 줄. 그럼 지방 대학들의 경쟁 상대는 어디일까. 바로 인구 절벽demographic cliff 이다.

이제 경쟁은 전혀 예상치 못한 곳에서 측정할 수 없는 수준으로 찾아온다. 리테일retail의 꽃이라 할 수 있는 백화점들이 아마존 Amazon이라는 문짝을 뒤집어 놓은 책상 위에서 창업한 인터넷 서점 때문에 파산하리라 누가 예상이나 했겠나.[1]

다시 한 번 말하지만 경쟁이 필요 없거나 해 본 적이 없는 조직은 반드시 경쟁에 직면한다. 그리고 대부분 진다.

## 모든 프레젠테이션이 경쟁이다

이제는 경쟁, 비경쟁이 따로 없다. 상시 경쟁 시대다. 프레젠테이션도 경쟁과 비경쟁을 나누는 것이 무의미해졌다. 하물며 공식적으로 '경쟁'이라는 타이틀이 붙은 프레젠테이션의 중요성은 더 말할 것도 없다.

경쟁 프레젠테이션은 무조건 이기는 것이다. '이기면 좋고 아

---

[1]    『나는 아마존에서 미래를 다녔다』, 박정준 저, 한빛비즈, 2019

니면 말고'가 아니라 무조건이다. 물론 모든 경쟁에서 이길 수는 없지만 '무조건 이긴다'라는 생각만큼은 절대 흔들려서는 안 된다. '무조건 이긴다'고 생각하면 모든 것이 심플해진다. 그런데 생각만큼 프레젠테이션은 심플하기가 어렵다. '무조건 이긴다'가 아니라 '이겼으면 좋겠다'라던가 '지면 큰일 난다', 즉 '수주를 못하거나 계약을 못하면 낭패다'라는 부정적인 생각이 지배하게 되면 본능적으로 여기저기 보험을 들거나 빠져나갈 구멍을 파기 시작하기 때문이다.

이러한 일련의 한심한 과정들은 보통 플랜 B<sup>plan B</sup>나 차선책과 같은 점잖은 표현으로 포장되곤 하지만 대부분은 이것저것 죄다 끌어다가 보여 주기 급급하고 '무조건 우리가 최고다'라는 실없는 소리만 지껄이는, 한마디로 전부 쏟아 붓고 장렬히 전사하는 아사리판으로 끝나고 만다. 그러면 진다. 만약 그래도 결과가 좋았다면 운이 좋았거나, 아니면 타사들도 똑같이 다 쏟아 부어서 하향 평준화를 이루어 낸 결과이거나 둘 중 하나일 것이다. 물론 심사 과정에 부정이 없었다는 전제하에서.

경쟁에서 무조건 이기려면 무조건 이길 수 있는 강력한 무기가 필요하다. 그리고 그 무기는 당연히 킬링 메시지다. 이 세상에 킬링 메시지 없는 경쟁 프레젠테이션은 없다. 아무리 형편없는 본질(제품 혹은 상품)이라도 뭐 하나 내세울 만한 게 있기 마련이다. 만약 없다면 – 그럴 리 없겠지만 – 어떻게든 만들어 내야 한다. 내세울 만한 무기나 전략 없이 전장戰場에 뛰어드는 것은 자살 행위나 마찬가지다. 한마디로 정신 나간 짓이다. 경쟁 프레젠테이션은 내가 가지고 있는 가장 강력한 킬링 메시지 하나, 바로 그 하나만 가지고 적진으로 돌격하는 것이다.[2]

## 도긴개긴의 대가

대표적인 숙박 플랫폼인 '야놀자'와 창업자인 이수진 대표에 관한 인터넷 포스트를 흥미롭게 읽었다.[3] 더 흥미로운 건 댓글이 었는데 부정적인 글이 많다. '갑질', '고혈膏血'과 같은 단어들이 나오는 걸 보니 모텔 업주들에게 야놀자와의 공생 관계가 그리 좋기만 한 것 같지는 않아 보인다.

불편하지만 냉정한 이야기를 해 보자. 모텔들이 왜 '야놀자'나 '여기어때' 같은 플랫폼 밑으로 들어갔을까. 처음에는 홍보를 위해 어쩔 수 없다 하더라도 왜 빠져나오지 못하고 계속 있을까. 차별화가 없기 때문이다. 여기서 말하는 차별화는 대단한 걸 말하

---

2)   실제 경쟁 프레젠테이션에서 킬링 메시지를 활용한 사례는 전작 『프레젠테이션의 신』을 참고 바란다.

3)   '숙박업 인터넷 커뮤니티에서 국내 8호 유니콘이 되기까지', '야놀자' 앱스토리, 2019.7.29

는 게 아니다. 하다못해 앞서 소개한 모텔 사장님처럼 '그날의 피로는 연애로 푼다'와 같은 문구 하나라도 고민하는 것. 그리고 객실 냉장고에 흔해 빠진 캔 커피 대신 "힘 빼느라 애쓰셨습니다. 오늘 하루 피로도 말끔히 풀고 가세요."라는 카드와 함께 박카스 두 병을 넣어 놓는 것. 그래서 알음알음 사람들 사이에 '양평에 피로를 풀어 주는 재미있는 모텔이 있다'라고 입으로 전해지는 것. 바로 이런 걸 말하는 것이다. 이 정도다. 이 정도도 '힘들다, 귀찮다, 모르겠다, 그런다고 손님이 얼마나 오겠냐'라는 생각이면 계속 플랫폼에 고혈을 뽑아 바칠 수밖에.

물론 모텔만 지어 놓으면 저절로 장사가 되던 아름다운 시절이 있었다. 이제는 경쟁이다. 숙박 플랫폼의 등장으로 경쟁은 더 치열해졌다. 도긴개긴[4] 상황인 이들에게는 치명타다.

특히 요즘 들어 도긴개긴이라는 말을 고급스럽게 포장한 공간들이 우후죽순 선보이고 있는데 바로 '복합문화공간'이다. 뭐만 생겼다 하면 죄다 복합문화공간이라고 홍보한다. 그리고 대부분 공간 구성은 뻔하다. 카페, 식당, 가게, 갤러리, 서점 혹은 공유 공간 등을 감각적인 인테리어로 버무려 놓은 다음 그럴듯한 이벤트나 행사를 유치한다. 그리고 예상한 만큼의 공간과 딱 예상한

---

4)      윷놀이에서 도로 남의 말을 잡을 수 있는 거리나 개로 남의 말을 잡을 수 있는 거리는 별반 차이가 없다는 뜻으로, 조금 낫고 못한 정도의 차이는 있으나 본질적으로는 비슷비슷하여 견주어 볼 필요가 없음을 이르는 말. (출처: 표준국어대사전)

만큼의 행사가 벌어진다. <mark>나에게 복합문화공간이라는 말은 뭐 하나 내세울 것이 없는 곳이라는 뜻이다.</mark>

참고로 2019년 9월, 서울시가 야심차게 오픈한 노들섬도 공식 홈페이지에는 복합문화시설이라고 소개하고 있다. 음악이면 음악, 책이면 책, 영화면 영화. 이렇게 하나의 주제만 가지고 섬을 조성했다면 그야말로 '환상의 섬'이 되지 않았을까. 정말 아쉽다. 서울에 노들섬만큼 유니크한 장소가 또 어디 있는가.

살아남기 위해서는 확실한 한 가지가 있어야 한다. 그 한 가지가 효과가 있을지 없을지는 나중 문제다. 나만의 한 가지를 준비하겠다는 생각 자체만으로 이미 차별화는 시작된 것이다.


## 어차피 기억도 못한다


혹시 강력하게 내세울 만한 킬링 메시지가 여러 개 있다고 해도 ─ 그렇다면 정말 기적 같은 일이지만 ─ 그중에서 가장 좋은 건 무조건 하나다. 다른 건 아예 말하지 말라는 것이 아니라 그 하나에 모든 기합과 에너지를 쏟아 부어 강조하라는 뜻이다.

어차피 청중은 다 기억 못한다. 가장 단적인 예가 1963년 8월 28일, 노예 해방 100주년을 기념하여 워싱턴에서 열린 평화 대행진 연설에서 마틴 루터 킹<sub>Martin Luther King</sub> 목사가 외쳤던 "I have a dream. 나에게는 꿈이 있습니다."라는 메시지다.

사람들은 바로 이 한 문장만 기억한다. 그 꿈이 구체적으로 무엇이었는지 아는 사람도 궁금해하는 사람도 없다. 왜냐하면 후세들에겐 그 옛날 마틴 루터 킹이라는 흑인 인권 운동가가 '나에게는 꿈이 있습니다'라는 유명한 연설을 했었다는 사실이 중요한 것이지 내용이 중요한 것은 아니기 때문이다. 아마 'I have a dream'이라는 메시지는 인류가 망하지 않는 한 영원히 회자되고 살아남을 것이다.

다시 한 번 말하지만 프레젠테이션은 경쟁이다. 당신만 프레젠테이션을 하는 게 아니다. 평가 위원은 경쟁사의 프레젠테이션도 들어야 한다. 그들이라고 가만있을까. 그들 나름대로 사력을 다해 강점과 장점을 토해 낼 것이다. 별의별 짓을 다할 것이다. 그럼 평가위원들의 머릿속은 어떻게 될까.

흥미로운 실험 결과가 있다. 기업의 요청으로 프레젠테이션 마스터 클래스presentation master class를 진행하게 되면 마지막 순서는 꼭 발표 실습을 한다. 교육생들의 부담을 덜어 주기 위해 '내 인생의 여행(지)'나 '내 인생의 영화' 같은 가볍고 흥미로운 내용을 발표 주제로 선정한다. 발표 시간은 3분, 슬라이드는 10장 이내로 제한한다. 한 명씩 나와 발표를 하기 시작하면 믿지 못할 광경이 펼쳐진다. 놀랍게도 발표 내용이 지루하다 싶으면 나머지 교육생들이 전부 스마트폰을 보거나 딴짓을 하기 시작한다는 것이다. 자신의 동료가 여행이나 영화 같은 가벼운 주제로 발표를 하는 데도 그렇다. 고작 3분을 못 참는 것이다.

그럼에도 불구하고 교육생들의 관심을 낚아채는 발표자들이 간혹 있는데 - 정말 간혹이다 - 바로 특이한 경험을 했거나 미지의 장소에 다녀온 경우다. 예를 들면 유명 셰프의 책을 읽고 해당 레스토랑이 있는 유럽까지 찾아가 요리를 먹고 셰프에게 직접 책에 사인을 받은 이야기, 수도원에 기거하며 노동과 청소를 통해 깨달음을 얻은 이야기 그리고 유명 관광지가 아닌 현지인들만 아는 아름다운 섬에서 휴가를 보낸 이야기들이다. 즉 TV나 인터넷에서는 절대 볼 수도 들을 수도 없는 유니크한 여행담을 꺼내 놓으면 그제야 관심을 보인다.

다시 평가 위원들의 상태로 돌아가 보자. 도대체 그들이 무슨 부귀영화를 누리겠다고 당신이 준비한 재미없고, 지루하며, 어렵고 복잡한 발표를 귀를 쫑긋 세우고 듣고 앉아 있겠는가. 처음에는 그들도 집중한다. 하지만 차별점도 없는 고만고만한 프레젠테이션을 반복해서 듣다 보면 그들도 사람인지라 집중력은 이내 흐트러지고 만다. 그런 상태인데 '우리는 이러 이러한 장점과 강점들이 있으니 모두 설명 드리겠습니다. 그러니 들어주세요' 라고 하는 건 듣지 말라는 것과 다름없다.

## 홈런 한 방이면 충분하다

프로야구에서 3할은 강타자의 기준이다. 열 번 타석에 들어서서 세 번만 안타를 치면 그 타자는 톱클래스 선수다. 아무도 그 선수가 아웃 된 일곱 번의 타석을 기억하지 않는다. 놀랍게도 세 번만 성공하면 나머지 일곱 번의 실패가 묻히는 것이다. 그런데 경쟁 프레젠테이션은 더 놀랍다. 딱 한 번, 그러니까 딱 한 번만 홈런을 치면 나머지 아홉 번 타석에서 삼진을 당하더라도 괜찮다.

다시 말해 당신이 꺼내어 놓은 정말 좋은 하나의 본질이 날카로운 킬링 메시지가 되어 청중의 귀에 박히기만 하면, 즉 홈런을 치기만 하면 설사 가격이 좀 높더라도, 납기가 좀 걸리더라도, 심지어 경험이 일천한 신생 회사라 하더라도 고객이 당신의 회사를 선택할 확률은 대단히 높아진다. 이유는 간단하다. 홈런 한 방의 임팩트가 너무나 강렬했기 때문이다.

그럼 나머지 부족한 부분들은 어떻게 될까. 그냥 묻히는 것일까. 물론 아니다. 비즈니스가 그렇게 호락호락할리 없다. 고객이 시원한 홈런 한 방만 보고 선택을 하는 이유는 나머지 부족한 부분들은 우선 협상 테이블에서 보완하면 되기 때문이다. 알다시피 경쟁 입찰에서 1등을 했다는 건 우선 협상 테이블에 앉을 수 있는 번호표 1번을 받았다는 뜻이지 계약을 한다는 의미는 아니다. 하지만 협상 테이블에 제일 먼저 앉으려면 당연히 우선 협상 대상자로 일단 뽑혀야 한다.

그러니 가지고 있는 모든 에너지와 역량을 총동원하여 힘껏 배트를 휘둘러야 한다. 담장 밖으로 공을 날려 버려라. 고작 점수 한 점 내겠다고 백날 번트나 대 봐야 – 한 점이라도 나면 다행이지만 – 절대 그 경기에서 이길 수는 없다. 그러니 힘껏 움켜쥐고 온 힘을 다해 배트를 휘둘러라. 번트도, 안타도 필요 없다. 오직 홈런뿐이다.

# 05

# 킬링 메시지의 조건:
# 미치도록 쉬울 것

하나의 문장 혹은 단어만으로 청중 뇌리의 뿌리까지 박히도록 메시지를 전달하려면 단 하나의 조건이 필요하다. 바로 미치도록, 정말 미치도록 쉬워야 한다는 것이다.

## 쉽지만 강렬한

킬링 메시지는 쉬워야 한다. 중학생 정도의 지력이면 바로 알아들을 수 있는 수준이어야 한다. 예를 들어 불어 표현 중에 '르 페셰 미뇽le peche mignon'이라는 말이 있다. 번역하면 '귀여운 죄' 정도로 될 수 있는데 유니크한 표현이긴 하나 킬링 메시지로는 부적합하다. 르 페셰 미뇽이 무슨 뜻인지 설명해야 하기 때문이다. 불어권 청중에게는 가능하겠지만 한국에서는 불가능하다. 설명이 필요한 단어는 킬링 메시지가 될 수 없다. 듣는 즉시 알 수 있어야 한다.

다음은 스마트폰 메모장에 모아 놓은 킬링 메시지 소스들이다.
평소 신문이나 책을 읽으며 꾸준히 수집하고 있는데 그중 일부
를 공개한다.


Our blades are fucking great.

우리 면도날은 끝내준다.

Locked and loaded

장전 완료

I'm with somebody.

저 사귀는 사람 있어요.

South of border

국경의 남쪽

Long walk to freedom

자유를 향한 머나먼 길

Hooked

낚였다

Soft-landing

연착륙

See what's next : Asia

아시아에서 다음에 뭘 할지 보기

The wait is over.

기다림은 끝났다.

The everything store

만물상

Absolutely unique

유일무이

Decision-makers

결정권자

The kingdom of dream and madness

꿈과 광기의 왕국

On the green

푸름 속에서

The dark night of the soul

영혼의 어두운 밤

Right timing, right place

적재적소

Born of this land

이 땅에 태어나서

One time shot

단 한 번의 기회

There's nothing like Australia.

호주만큼 멋진 곳은 어디에도 없습니다.

Life beyond cancer

암을 넘어선 삶

Design your life style.

네 라이프 스타일을 디자인하라.

Breakfast at Tiffany's

티파니에서 아침을

Big shift

대전환

Houston strong

휴스턴은 강하다

Don't try.

애쓰지 마.

Sugar-high

과도한 당 섭취로 흥분 상태

A perfect holiday

완벽한 휴일


이렇게 쉽고 평범한 단어들이 도대체 무슨 힘을 발휘한다는 것인지 의아해하겠지만 그건 아직 킬링 메시지가 '그것'과 만나서 강력한 화학 작용을 일으키는 순간을 직접 경험하지 못했기 때문이다. '그것'이란 바로 훌륭한 본질이다.

## 확실한 본질을 갖출(준비할) 것

킬링 메시지가 힘을 발휘하려면 훌륭한 본질이라는 전제 조건이 필요하다. 몸매가 좋은 사람은 청바지에 헐렁한 면 티셔츠 하나만 걸쳐도 맵시가 나듯 훌륭하고 확실한 본질을 가지고 있으면 굳이 미사여구를 동원할 필요가 없다. 깔끔하게 있는 그대로 표현하면 되기 때문이다.

예전에 영화 「굿모닝 베트남Good Morning, Vietnam」을 경쟁 프레젠테이션에서 차용한 적이 있는데, 바로 천안에 있는 VIP 고객을 위한 호텔 스위트룸 무료 숙박과 조식 서비스를 설명하는 슬라이드에서 'Good Morning, Cheonan'이라는 킬링 메시지를 전면에 내세운 것이다.

천안에 있는 호텔에서 '아침을 맞이할 뿐더러 아침도 먹을 수 있다'는 중의적인 서비스를 설명하기에 더할 나위 없는 표현이라고 생각했다. 하지만 이러한 쉽고 간단한 표현이 가능하려면 '호텔 무료 숙박과 조식 제공'이라는 본질, 즉 서비스를 준비하고 있어야만 한다. 만약 그러한 본질이 없다면 분명 '저희는 고객을 위한 최상의 서비스를 준비하고 있으며…'와 같은 쓸데없는 말이나 지껄이고 있을 것이다. 이러한 본질에 대한 중요성은 앞으로 점점 더 커질 것이다.

## 손님이 짜다면 짜다

아직도 잊히질 않는, 아마 평생 잊히지 않을 서울의 어느 식당 주방 위에 빨간색으로 커다랗게 붙어 있던 강렬한 문구.

"손님이 짜다면 짜!"

유치원생도 이해할 만한 저 쉬운 표현으로 식당 주인은 고객 서비스에 대한 철학을 손님들에게 보여 준다. 무슨 말이 더 필요한가. 손님이 짜다면 짠 것이다.

이처럼 강렬하고 쉬운 킬링 메시지를 사용하기 위해서는 '우리 식당의 모든 음식은 철저히 손님들의 입맛에 맞추어져 있으며 혹시 불만이 있는 손님이 있을 경우 즉각 응대한다'는 각오와 시스템(본질)이 준비되어 있어야 한다.

백화점 직원들을 대상으로 프레젠테이션 교육을 진행하면서 사훈社訓을 물어본 적이 있다. 대답 대신 어색한 침묵만이 흘렀다. 하긴 직장인들 중에 사훈을 외우고 있는 사람이 얼마나 될까. 신입 사원 연수 때나 한 번 들어 봤을까. 이유는 하나다. 너무 길고 모호하기 때문이다. 그 회사의 사훈도 그랬다.

그때 내가 예로 제시한 사훈은, "새롭지 않으면 팔지 않는다."였다. 백화점과 잘 어울리는 사훈이라고 생각했다.

만약 사훈을 저렇게 바꾼다면, 그래서 새롭지 않은 물건은 팔지 않는다면, 고객에게 새롭고 신선하고 놀라 제품과 서비스만 제시하려 한다면 어떻게 해야 할까. 아마 일본 다이이치생명보험第一生命保險의 모리타 도미지로 전前 사장의 말처럼 거대한 연체동물에 등뼈를 꿰매는 수준의 엄청난 노력과 치열한 고민이 동반되어야 할 것이다.[1] 그러지 않으면 미국 백화점들의 전철前轍을 밟지 않으리라 누가 보장하겠는가.[2]

**하지만 사훈을 심플하고 명확하게 바꿈으로써 얻을 수 있는 가장 큰 효과는 직원들이 기억한다는 것이다.** 매장을 구성하거나 새로운 브랜드를 입점시킬 때, 그리고 새로운 고객 서비스를 구상할 때 제일 먼저 생각할 것이다.

'고객이 새롭고 신선하다고 느낄까?'

이렇게 말이다. 이런 생각을 잠깐이라도 하는 것 자체가 바로 혁신의 시작이라 믿는다. 그러면 매년 새로운 슬로건을 만드네, 경영 혁신 비전을 선포하네 어쩌네 하면서 난리법석을 떨 필요도 없을 것이다.

스스로 물어볼 시간이다. 내가 가지고 있는 본질은 어떠한가. 혹시 온갖 미사여구를 동원해도 해결이 안 될 정도로 형편없는 본질을 만지작거리고 있지는 않은가. 아니면 고객에게 '우리는

---

1) 　『이토록 멋진 기업ビジネス大變身! ポスト資本主義11社の決斷』, 후지요시 마사하루 저, 황소자리, 2019
2) 　'100년 역사인데 …美 바니스뉴욕 백화점 파산', 머니투데이, 2019.7.15

이렇습니다'라고 자신 있게 말할 수 있는 '한 방'이 있는가. 그리고 그들에게 그 한 방을 쉽고 명확하게 알려 줄 수 있는가.

## 킬링 메시지 도출 과정

이쯤에서 킬링 메시지가 도출되는 구체적인 과정을 궁금해하는 독자가 있으리라 생각한다. 하여 거제시 관광을 주제로 하는 가상의 프레젠테이션으로 도출 과정을 기술해 보려 한다.

그 전에 분명히 말해 두지만 '모든 프레젠테이션에는 킬링 메시지가 필요하다'는 대전제 외에 그 어느 것도 정해진 것은 없다. 물론 원칙도 없다. 킬링 메시지를 찾고 적용하는 과정은 업종, 분야, 대상, 규모에 따라 언제든지 변경과 응용이 가능하다. 그러니 한 번이라도 좋으니 지금부터 설명하는 내용에 맞춰 자신만의 킬링 메시지를 꼭 직접 도출해 보길 바란다.

◎ 프레젠테이션 개요 ◎

1. 성격: 거제시 관광 활성화와 관광객 유치를 위한 공개 설명회

2. 목적: 제주도 관광객을 거제시로 유인

2. 대상: 언론사 및 관광업계 종사자

◎ 배경 ◎

거제시는 고흥, 순천, 여수, 광양, 하동, 남해, 통영과 함께 남파랑NAMPARANG[3]이라는 통합 관광 브랜드를 만들어 운영하고 있음.

◎ 문제점 ◎

아무리 여러 관광지를 합치고 별짓을 다해도 제주도라는 네임밸류name value와 임팩트를 넘지 못함.

이제 킬링 메시지를 도출해 보자. 먼저 인정해야 할 것은 대한민국에서 '관광'이라는 콘텐츠만으로 제주도를 이길 수 있는 지역은 없다는 것이다. 사람들에게 제주도는 해외여행과 국내 여행의 중간쯤 위치한다. 하지만 거제시는 그냥 국내 여행이다. 특히 비행기나 배가 아닌 육로로 갈 수 있으니 관광객 입장에서는 아무래도 여행에 대한 감흥이나 설렘이 제주도보다 떨어진다.

그렇다면 제주도와 차별점은 무엇일까. 제주도에는 있는데 거제도에 없는 것은 무엇인가. 반대로 제주도에는 없는데 거제도에는 있는 건 무엇인가. 그전에 한 가지 주목할 점은 거제시는 도시이기 이전에 제주도 다음으로 큰 면적을 자랑하는 엄연한 섬이라는 사실이다.

---

3)    http://www.namparang.kr

다시 말하면 거제도는 아무리 멋진 관광 콘텐츠를 개발해도 제주도라는 어마어마한 벽을 넘지 못한다. 그렇다면 내세울 수 있는 건 바로 '접근성'이다. 즉 제주도는 비행기나 배가 아니면 갈 수 없는 고립된 섬이지만 거제도는 자동차로 갈 수 있는 개방된 섬인 것이다. 이게 바로 제주도에는 없지만 거제도에는 있는 차별점이다.

이상의 내용을 정리하면, '거제도는 날씨와 시간에 상관없이 자동차로 언제든지 갈 수 있는 섬이다.' 이렇게 요약될 수 있다. 제주도가 아무리 좋아도 비행기나 배 시간이 맞지 않거나 날씨가 안 좋으면 들어갈 수도 심지어 나올 수도 없다. 그리고 짐을 가지고 공항과 항구까지 가야 한다. 하지만 거제도는 차가 있고 운전만 할 줄 알면 언제든지 갈 수 있다. 그런데 이 정도 가지고는 안 된다. 왜냐하면 자동차로 들어갈 수 있는 섬은 많기 때문이다. 이제 막 자동차 면허를 딴 사람이라면, 꿈에 그리던 드림 카나 갖고 싶던 신차를 뽑은 사람이라면 거제도 한번 달려 보는 게 버킷 리스트에 올라갈 정도는 돼야 한다. 자동차를 좋아하는 사람이라면, 드라이브를 좋아하는 사람이라면 누구나 가고 싶어 하는 그 섬… 운전자들에게는 낙원과도 같은 곳. 그렇다.

"Driver's Paradise"

이게 바로 이번 프레젠테이션의 킬링 메시지가 되는 것이다. 프레젠테이션은 선포하는 자리지 양해와 이해를 구하는 자리가 아니다. 내가 그렇다면 그런 것이다. '낙원'이라는 무게를 견딜 수 없다면 아예 청중 앞에 나서지 말아야 한다. 그 정도 허세와 기세도 없이 어떻게 제주도를 이긴단 말인가. 그 정도로 본질에 자신이 없다는 말인가.

## 허세는 본질이 책임진다

남파랑이라는 통합 관광 브랜드를 만들 정도로 노력과 고민을 많이 했으니 거제도의 관광 인프라와 콘텐츠는 어디 내놔도 손색없을 것이다. 사람들이 몰라서 그렇지 분명 제주도 못지않은 멋진 곳이 많을 것이다. 낙원이라는 허세를 부리기에 충분하다는 뜻이다.

문제는 그냥 낙원이 아니라 운전자들의 낙원이라는 점이다. 그렇다면 반드시 "왜 운전자들의 낙원인가?"에 대한 대답이 나와야 한다. 실체 없는 허세와 허풍은 사기이기 때문이다. 그렇다면 거제시는 차로 방문하는 관광객들에게 어떤 혜택을 줄 수 있을까. 아래는 법적, 행정적 절차와 문제를 배제한 채 순전히 아이디어 측면에서 생각해 본 혜택들이다.

1. 주말과 공휴일 그리고 휴가철(이하 성수기)에 거제도를 방문하는 타 지역 차량의 주유비를 대폭 할인해 준다. (주유비에 포함된 세금 경감)

2. 성수기에 부산과 거제를 잇는 거가대교 통행료를 반값으로 할인한다.

3. 티스테이션Tstation과 스피드메이트SpeedMate 같은 대형 정비소를 유치하여 성수기에 거제도를 방문하는 타지 차량의 정비료를 대폭 할인해 준다. 거제시는 해당 정비소에 충분한 세제 혜택을 제공한다.

4. 일정 규모 이상의 자동차나 오토바이 동호회의 투어 행사를 적극 유치하고 지역 상인들과 협조하여 그들에게 숙박, 식사, 교통 등의 최대한 편의를 제공한다.

5. 자동차 회사의 드라이빙 센터나 자동차 테마파크를 유치한다.

물론 여러 가지 문제로 인해 실현 불가능한 내용도 있겠지만 저러한 구체적인 근거와 실체를 준비해서 발표한다는 것이 중요하다. 그래야 허세가 허세로 끝나지 않고 실현 가능하고 눈에 보이는 킬링 메시지가 될 수 있다. 그래야 청중과 평가 위원의 뇌리에 각인될 수 있는 것이다.

이상의 과정을 다시 한 번 정리하면 다음과 같다.

1. 무조건 차별점을 찾는다. 반드시 찾아낸다.

2. 한 문장 혹은 한 단어로 정리되는 킬링 메시지를 만든다. (다소 무모한 표현이라도 좋다.)

3. 선포한다. 내가 그렇다고 선포하면 그만이다.

4. 킬링 메시지를 실현할 구체적인 실행 방안을 제시한다.


찾고, 정리하고, 선포하고, 제시한다. 이게 킬링 메시지의 기본 골격이다. 말 그대로 기본이기 때문에 자료 조사나 현장 답사와 같은 구체적인 사항은 생략하였다(참고로 기획 과정에서 가장 중요하게 생각하는 부분이 바로 현장 답사다). 당연히 본인들이 채워 나가야 하는 부분들이다. 그리고 채워 나가는 과정은 분명 쉽지 않을 것이다. 킬링 메시지가 금방 떠오르지 않을 수도 있고 떠올랐다 해도 어떻게 정리해야 할지 막막할 수도 있다(분명 그럴 것이다). 그래도 내 힘으로 – 혹은 팀원들의 힘으로 – 직접 해야만 한다.

거제도 프레젠테이션의 도출 과정이 오히려 머릿속을 더 복잡하게 만들고 심지어 모순된 점이 보였을 수도 있다. 그렇다고 미간을 찌푸릴 필요는 없다. 직접 해 봐야 알 수 있는 일을 글과 말로 풀어내는 과정에서 필연적으로 올라오는 보푸라기라고 생각하자. 이 책의 목적은 당신의 프레젠테이션과 커뮤니케이션이 활활 불타도록 부채질하는 것이다. 불씨는 직접 만들어야 한다. 팔짱만 끼고 앉아 "이건 틀렸네, 저건 아니네." 하면서 불평만 늘어놓은들 누가 대신 프레젠테이션 해 주는 것도 아니지 않는가.
당신의 본질을 누가 대신 증명해 줄 리도 없고 말이다.

✛사족

그렇다면 'Driver's Paradise'를 킬링 메시지로 하는 프레젠테이
션의 표지는 어떤 모습일까?

나는 멋지다고 생각하는데….

How about you?

## — 06 —

# 순수의 시대는 끝났다

명절 때마다 받는 단체 안부 문자가 정말 싫다. 원 오브 뎀one of them
취급을 받았다는 사실도 정말 불쾌하지만 영혼이라고는 눈곱만큼도
찾아 볼 수 없는 틀에 박힌 그 상투적인 표현들이 인간을 질리게 만
든다.


## 고막에 기별도 안 가는 메시지


주거래 은행 어플application을 열면 – 2019년 7월 현재 – 첫 화면
에 파란 파도 위에서 시원하게 서핑을 하는 그림이 배경으로 나
온다. 그전에는 잔디밭에 피크닉 바구니가 놓여 있었는데 계절
에 맞춰 배경 화면이 바뀌는 듯하다. 모바일 뱅킹을 이용하는 고
객들의 눈을 잠시나마 즐겁고 편하게 해 주려는 의도이리라.

얼마나 많은 고객들이 그 화면을 보고 마음의 안정을 찾았는
지 알 리 없지만 일단 나는 단 한 번도 없다. 차라리 모바일 뱅킹
화면을 최대한 단순하고 쉽게 만들어서 계좌 조회와 이체만이라

도 누구나 쉽고 빠르게 할 수 있도록 메뉴와 인터페이스에 공을 들이는 게 낫지 않을까 싶다.

나는 모바일 뱅킹에서 계좌 조회와 이체 외에 다른 기능을 단 한 번도 사용한 적이 없다. 일반화의 오류일수도 있지만 아마 대부분의 고객들도 마찬가지일 것이다. 모바일 뱅킹을 하고 싶어도 도저히 엄두가 안 나 망설이고 있는 노인들이 제일 하고 싶은 업무도 계좌 조회와 이체, 이 두 가지일 것이다.[1]

하지만 문제는 배경 화면이 아니라 그 위에 덩그러니 떠 있는 슬로건이다.

'국민의 평생 금융 파트너'

결론부터 말하면 저런 문구는 이제 고막에 기별도 안 간다. 존재감이 전혀 없다는 뜻이다. 물론 그 옛날 순수의 시대에는 – 나는 스마트폰이 없던 시절을 '순수의 시대The Age of Innocence'라고 부른다 – '내 마음은 호수요'와 같이 은유로 잔뜩 버무린 카피에 멋진 영상만 대충 섞어 주면 그럴듯한 광고가 완성되었다. 특히 기업의 이미지 광고가 그랬다. 당장 효과가 없더라도 조금씩 고객의 잠재의식에 잽jab을 날리면 장기적으로는 우리 기업과 브랜드에 좋은 인상을 심어 줄 것이라는 전략이었다. 물론 얼마나 효과

---

[1]    '모바일 못하는데 은행 점포도 줄어 …노인을 위한 금융은 없다', 매일경제, 2019.7.31

가 있었는지 정확한 측정은 불가능하다.

특히 이러한 밑도 끝도 없는 은유와 수식의 남발이 가장 심한 곳 중 하나가 바로 공기관인데, 한국처럼 '행복'에 집착하는 나라가 또 있을까 싶다. 국민들을 말로라도 행복하게 해 줘야 한다는 강박관념이라도 있는 건지 죄다 행복을 갖다 붙인다.

일례로 전북 고창군에서 주민 편의를 위해 시내버스가 다니지 않는 지역의 마을 앞까지 운행하는 15인승 버스를 운행하기로 했는데 그 버스 이름이 '행복버스'다.[2] 버스를 탄다고 행복해질 리는 없다. 물론 굉장히 편하기는 할 것이다. 그렇다면 차라리 '마을버스'나 '골목버스'라고 하면 운행의 취지가 정확히 전달이라도 될 텐데 행복버스라고 하니 이게 장애인을 위한 버스인지, 아니면 노인 복지를 위한 버스인지, 아니면 심리 치료 상담사가 운행하는 버스인지 알 길이 없다.

물론 버스 이름 하나 가지고 뭐 그리 피곤하게 구느냐고 할 수 있지만 별거 아닌 것처럼 보이는 작은 커뮤니케이션을 이렇게 소홀히 다루게 되면 - 그렇다고 고창군이 일을 소홀히 했다는 뜻은 아니다 - 정작 중요하고 큰일을 하기 위한 커뮤니케이션조차 청중과 대중의 뇌리에 스칠 새도 없이 휘발되어 버릴 가능성이

---

2)    '고창군 마을 앞까지 찾아가는 행복버스 운행 …요금 1천원', 연합뉴스, 2019.8.23

크다.

지금 잠시 책을 덮고 '국민의 평생 금융 파트너'라는 문구를 각자의 주거래 은행에 대입시켜 보자. 전혀 어색하지 않을 것이다. 그때는 나들 그랬다. 구체적이지 않아도, 모호해도, 뜬구름만 잡고 있어도 그 어느 누구도 이러한 방식을 의심하지 않았다. 말 그대로 순수의 시대였기 때문이다. 하지만 여기까지다. 순수의 시대는 끝났다. 스마트폰이 끝내 버린 것이다.

이제 중독의 개념을 넘어 인간의 뇌 구조 자체를 바꿔 버리는 지경에까지 이른 스마트폰 중독에 대한 – 고백하자면 나 역시 스마트폰에서 벗어나고자 매일 분투를 거듭하고 있다 – 의학 역사학자인 찰스 로젠버그Charles Rosenberg 하버드대 교수의 지적에 당신도 동의하지 않을 수 없을 것이다.

> "지금은 단순한 중독의 시대가 아니다. 현재 우리는 우리 뇌를 절제되고 고차원적인 즐거움에서 저급하고 즉각적인 만족으로 수준을 낮추도록 이끄는 상업화된 유혹이 어느 때보다 강한 시대를 살고 있다. 지금은 그 어느 때보다 나쁜 습관이 돈벌이가 되는 시대다."[3]

---

3)　'디지털 중독, caught in the web' 기사 중에서 발췌, 뉴스위크, 2019.7.25

## 비명 소리가 나올 정도의 메시지

다시 어플 화면으로 돌아가 보자. 모바일 뱅킹을 이용하는 사람은 스마트폰 사용에 전혀 어려움이 없는 전형적인 포노 사피엔스일 확률이 대단히 높다. 앞서 말한 즉각적이고 자극적인 반응에 익숙해져 있는 사람들 말이다. 그들이 은행 어플을 열었다는 건 빨리 확인하거나 처리해야 할 일이 있기 때문이다. '심심한데 은행 어플이나 구경해 볼까'라는 생각에 접속하는 사람은 거의 없다. 그런 사람들에게 '국민의 평생 금융 파트너'라는 메시지가 과연 눈에 들어올까. 설사 들어온다 한들 각막에 기별이라도 갈까. 0.01mm라도 스크래치를 낼 수 있을까. 정말 묻고 싶다.

'대륙의 실수'라 조롱 받던 샤오미Xiaomi가 실수가 아닌 실력으로 인정받고 있는 이유는 창업자인 레이쥔Lei Jun 회장의 다음과 같은 고객 철학이 있었기 때문이다.

"즉 모든 제품과 서비스는 항상 고객의 기대에 부응하는 명확한 가치를 담고 있어야 한다. 그에 따라 레이쥔이 제안한 제품 평가 기준은 '고객의 비명'이다. 제품 사양을 듣고도 비명이 나오지 않았다면 가격을 확인하는 순간 비명이 터져 나와야 한다는 것으로 고객에게 전달되는 가치에 감동이 무조건 담겨 있어야 한다는 의미다."

그렇다면 은행이 고객에게 비명에 가까운 반응을 얻으려면 어떤 메시지를 전달해야 할까.

은행을 친구이자 파트너라고 생각하는 사람은 없다. 서민들에게 은행이란 그런 존재다. 이자는 쥐꼬리만큼 주면서 대출 한번 받으려면 창구 앞에 앉아 초초하게 은행원의 판결을 기다리게 만드는 그런 존재 말이다. 그런데 평생 파트너라니, 코웃음이나 안 치면 다행이다.

다시 한 번 말하지만 고객들은 그러한 문구를 읽지도 않을 뿐더러 읽었다 한들 아무런 감정도 느끼지 못한다. 더구나 신기술과 고객 편의성으로 무장한 핀테크FinTech[4]업체들이 금융 생태계의 멱살을 쥐고 흔드는 시대에 저런 한가한 메시지가 과연 의미가 있을까 싶다. 좋으나 싫으나 고객들은 인터넷뱅킹을 하기 위해 무조건 첫 화면을 봐야 한다. 그런 황금 같은 공간이 의미 없는 문구로 채워져 있다니 정말 안타깝고 아깝다.

비명까지는 아니더라도 어플에 접속한 고객에게 최소한 '이런 게 있구나, 이제 은행이 이런 것도 하는구나' 하는 생각은 하게

---

[4]    핀테크(FinTech)는 Finance(금융)와 Technology(기술)의 합성어로, 금융과 IT의 융합을 통한 금융 서비스 및 산업의 변화를 통칭한다. (금융위원회 금융용어사전 발췌)

만들어야 하지 않을까.

그러기 위해선 첫째, 의미도 없고 임팩트도 없으며 아무런 감흥도 주지 못하는 판에 박힌 뜬구름들을 없애야 한다. 둘째, 뜬구름이 아닌 실체를 보여 줄 수 있는 서비스나 상품을 진짜로 만들어 내야 한다. 이제 차별화는 기본이고, 눈에 보이고 손에 잡을 수 있는 확실하고 구체적인 결과물을 고객에게 제시하지 못하는 기업과 서비스는 도태될 것이다. 고객을 사랑한다느니, 초일류 기업이라니, 최고의 서비스라느니 하는 교장 선생님 훈화 말씀만도 못한 메시지만 남발하다가 존재감도 없이 사라져 버릴 것이다.

스티브 잡스와 애플의 프레젠테이션이 그토록 찬사를 받았던 이유는 '우주에 흔적을 남긴다'는 사명을 정말 프레젠테이션에서 보여 줬기 때문이다. 아이팟iPod이 그랬고 아이폰이 그랬으며 아이패드iPad가 그랬다. 그렇다면 모바일 뱅킹 첫 화면에 어떤 메시지가 떠야 고객이 비명까지는 아니더라도 눈길이라도 주게 될까.

"당일 기준 정기예금 1,000만원 이상 고객에게 스타벅스 상품권 지급."

말도 안 된다고 생각하는가. 평생 파트너라면서 커피 한 잔 못

사 준다는 말인가. 혹시 내 지갑에 별 도움도 안 되고 다른 은행에도 얼마든지 있는 금융 상품 몇 개 만들어서 이름만 바꾼 채 친구라고 하는 것인가. 그런 친구는 널리고 널렸다.

**+ 사족**

2019년 8월 23일. 카카오뱅크가 국민은행을 제치고 앱 사용 1위를 했다는 기사가 실렸다.[5]

---

[5]  '무섭게 큰 두 살 카카오뱅크 …국민銀 제치고 앱 사용 1위', 서울경제, 2019.8.23

## — 07 —

# 쉽고 간단한 것들을 위한 시詩

쉬워 보이는 것과 쉬운 것은 엄연히 다르다. 특히 어렵게만 느껴지던
사람이 쉽게 말하고 쉽게 다가올 때 우리는 존경과는 차원이 다른 무
언가를 느낀다. 바로 상대방에 대한 배려다.

## 허경영: 정치는 쉬우면 안 되나

"자기가 사는 집 아니면 좀 파시라."

2017년 8월 4일, 당시 김현미 국토교통부 장관이 '8.2 부동산
대책'과 관련하여 청와대 뉴미디어비서관실과의 인터뷰에서 한
말이다.[1] 당시 이 발언은 모든 신문의 헤드라인을 장식할 만큼
적지 않은 파장을 일으켰다. 지금까지 역대 장관들 중에 추진하
는 정책을 이처럼 간단명료하게 설명한 관료는 없었다. 이 한마

---

1) '김현미, 자기가 사는 집 아니면 좀 파시라', 동아일보, 2017.8.5

1장 • 하나만 말하라. 듣기 쉽게: 킬링 메시지

디로 국민들은 현재 문재인 정부가 부동산 정책에 대해 어떤 기조를 가지고 있는지 단박에 알아 버렸다.

그 쉽고 간단한 멘트가 얼마나 인상 깊었는지 그 후 정부공직자윤리위원회가 공개한 '2019년 정기 재산 변동 사항'에서 적지 않은 수의 고위 공직자들이 다주택자인 것으로 밝혀지자 언론들은 김현미 장관이 했던 '사는 집 아니면 파시라'라는 발언을 일제히 헤드라인으로 다시 올렸다.[2]

**이처럼 쉽고 간단한 메시지는 강력하다.** 특히, 그 발언 주체의 지위와 신분이 높을수록 더 강력해진다. 동네 복덕방 사장님들이 쓸 법한 표현이 국토교통부 장관의 입에서 나왔기 때문에 더 파장이 컸다는 소리다.

기인으로 불리는 허경영 씨가 갑자기 재평가된 일이 있었다. 과거 황당하다고 무시당했던 그의 공약들 중 몇 가지를 정치인들이 실현하려고 했던 것이다.[3] 사실 그의 공약은 그때나 지금이나 황당한 것들이 많다. 하지만 사람들은 그런 그에게 열광했고 진지하게 그를 지지하는 사람들도 생겨났다. 물론 정말로 그가 대통령이 될 거라 생각한 사람은 많지 않았을 것이다. 하지만 그저 "참 재미있는 양반이네."라며 치부하기엔 무시할 수 없는 강

---

2)　'사는 집 아니면 파시라더니 …靑·정부 고위직 10명 중 3명 다주택자', 한국경제, 2019.3.28

3)　'아이 낳으면 1억 주자 …허경영보다 센 한국당 의원', 오마이뉴스, 2017.12.11

점을 가지고 있으니 바로 그의 공약과 발언들이 대단히 쉽고 구체적이라는 것이다.

인터넷에 올라와 있는 그의 공약들을 한번 읽어 보기 바란다. 단순히 재미있는 인터넷 유머쯤으로 치부될 내용들이 아니다.

예를 들면 "강력범을 제외한 모든 범죄는 모두 재산 비례 벌금형으로 함으로써 엄청난 세수가 늘어나며 전국 교도소 한 곳만 남기고 모두 폐쇄하여 낭비되는 죄수 관리비, 인건비를 절감하여 국민 전체(20세 이상)에게 국민 배당금으로 돌려준다."의 경우 교도소를 한 곳만 남긴다는 신선한 발상에 더해 '세수 증가 – 예산 절감 – 국민 배당' 이라는 시스템을 초등학생도 이해할 수 있게 설명하고 있다. 공약의 실효성과 실현 가능성은 차치하고라도 앞으로 대중과 국민에게 자신의 생각과 비전을 어떻게 전달할 것인가에 대한 힌트를 허경영 씨가 보여 줬다고 생각한다.

단언컨대 만약 '공중부양을 한다느니, 내 눈을 보면 병이 낫는다느니' 하는 비상식적인 소리만 하지 않았다면 그의 말대로 대한민국 정치판에 정말 혁명을 몰고 왔을 수도 있다. 그가 대단해서가 아니라 포노 사피엔스들이 그렇게 만들었을 거란 뜻이다.

혹시 독자들 중에 '뭐, 그런 같잖은 인간의 공약까지 들먹이느냐, 거기 쫓아다니는 사람들은 머리가 어떻게 된 거 아니냐'라고 생각하는 사람이 있다면 미안하지만 그 사람은 절대 비즈니스 커뮤니케이션에서 소기의 목적을 달성할 수 없을 것이다. 프레젠터presenter나 마케터marketer처럼 대중과 소비자를 상대하는 직업의 최대의 적은 바로 '편견'과 '고정관념' 그리고 '오만'이다. 특히 직접 눈으로 확인하지 않고, 내 귀로 직접 듣지 않고, 손으로 직접 만져 보지 않고 결론을 논하는 자는 그중에서도 가장 최악이다.

집 한 채 마련하기 위해 평생 대출금과 이자를 갚아 나가고 있는 서민들과 사교육비로 노후 자금까지 쏟아붓고도 마음이 놓이지 않아 입시 설명회를 전전하는 학부모들에게 '진보'니 '보수'니 하는 눈에 보이지도 않고 손으로 잡을 수도 없는 이념들이 무슨 소용이 있을까. 이제 정치인들의 메시지는 쉽고 명확해야 한다. 현실적이고 구체적이어야 한다. 가볍고 황당하지만 않다면 사람들은 귀를 열고 들을 것이다. 단지 쉽다는 이유만으로 말이다.

## 보장이 아니라 약관이 문제다

새로운 보험을 몇 년째 생각만 하고 못 들고 있다. 어떤 회사의 보험을 들어야 할지 모르겠다. 광고를 보면 전부 '다 보장된다'고 한다. 다 보장된다는 말이 제대로 보장하는 건 없다는 뜻인지 아니면 진짜로 다 보장된다는 뜻인지 알 길이 없다. 설계사의 설명을 듣고 약관을 읽어 보면 알겠지만 도저히 읽을 엄두가 나질 않는다. 보험에 가입한 사람들 중에 약관을 다 읽는 것은 물론이고 완벽한 이해를 바탕으로 평소에 정확히 기억하고 있다가 필요한 순간에 일사천리로 보험금을 신청하는 사람이 몇이나 될까. 한 명도 없다고 하면 지나친 과장일까. 꼼꼼하기로 치면 둘째가라면 서러워할 내 지인조차도 설계사를 사무실로 불러 보장 내용을 정기적으로 브리핑 받을 정도다.

보험사들이 일부러 약관을 어렵고 복잡하게 만들어서 고객으로 하여금 제대로 된 보상을 받지 못하게 하려는 게 아니라면 당장 뜯어 고쳐야 한다. 이제 사람들은 점점 더 복잡하고 어려운 걸 피하게 되고 반대로 쉽고 빠르게 이해할 수 있는 것들로 관심을 돌릴 테니까 말이다. 설레는 마음으로 아이폰의 패키지를 열었을 때 한 장밖에 안 되는 제품 설명서를 보고 '정말 쓰기 쉽겠구나.'라는 안도감을 느낀 건 과연 나뿐이었을까.

사실 보험 상품이라는 게 다 거기서 거기 아닌가. 보험 회사의 수익을 생각하지 않을 수 없을 테니 말이다. 그렇다면 남은 건 접근성이다. 접근성이라는 게 부동산에만 있는 게 아니다. 분야를 막론하고 소비자와 고객이 쉽고 빠르게 알아보고 이해할 수 있으면 그게 바로 접근성이다.

아마존이 전 세계 유통 시장을 초토화시키고 우버Uber가 택시 기사들의 밥그릇을 뒤집어엎어 버린 것도 고객이 쉽고 빠르게 접근할 수 있기 때문이었다. 아마존에서의 쇼핑이 마트에서 직접 카트를 끌며 물건을 사는 것보다 복잡하고 어렵다면, 우버 한

번 타는 게 택시 잡는 것보다 힘들다면 누가 이용하겠는가.

## 어려우면 죽는다

이제는 쉽고 간단한 약관과 청약서를 제시하는 보험사가 살아남을 것이다. 만약 기존 보험사들이 하지 않으면 분명 누군가가 이곳을 치고 들어올 것이다. 네이버와 카카오의 보험업 진출이 의미심장한 이유다.[4] 다시 한 번 말하지만 어차피 보장과 보상금은 비슷하다. 그렇다면 당연히 소비자는 쉽고 빠르게 접근하고 이해할 수 있는 곳에 눈길을 줄 것이다. 가뜩이나 신경 쓸 일 많은 세상인데 보험 약관만이라도 좀 편하게 해 줘야 하지 않을까. 말 그대로 보험이니까 말이다.

보험업계뿐만이 아니라 고객을 상대하는 모든 이들은 고객을 위한 쉽고 간단한 시를 헌정해야 한다. 도저히 읽을 엄두도 나지 않는 백과사전 같은 약관과 설명서는 폐기 처분해야 한다. 광고를 하더라도 소비자가 '저건 나를 위한 거구나.'라고 단박에 알아볼 수 있어야 한다. '걱정 없는 암보험'이니 '꼭 필요한 암보험'이니 '원스톱 플러스 암보험'이니 이런 두루뭉술한 말이 아니라

---

[4]    '보험은 불황인데 …네이버·카카오, 왜 보험에 뛰어들까', 아시아경제, 2019.8.15

"그래, 저 보험 알아봐야겠다."라는 말이 절로 나오게 말이다.

예를 들어 이런 카피는 어떨까.

"대장암 하나만큼은 확실히 보장합니다."

물론 업계 관계자들은 말도 안 되는 상품이라고 생각할 것이다. 그렇다면 다 읽지도 못하고 읽어 봤자 이해도 안 되는 약관을 들이밀며 다 보장되니 걱정하지 말라는 태도는 말이 된다고 생각하는가. 물론 정말로 대장암만을 위한 상품을 만들고 고객과 보험사 모두 만족하는 수익 모델을 만들려면 엄청난 준비와 노력이 필요할 것이다. 그리고 우리는 여기서 정말 중요한 사실을 알 수 있다. 고객에게 쉽고 간단한 시를 들려주려면 쉽고 간단한 그리고 훌륭한 본질을 먼저 만들어야 한다는 것이다. 만약 그 과정이 힘들고 어렵다 하여 지용구 교수가 『복잡성에 빠지다』에서 말했듯이 그 어려움과 복잡함을 고객에게 전가한다면 고객은 가차 없이 외면할 것이다.

복잡성과 어려움을 고객에게 떠넘기는 경우는 상당히 많다. 기업에서 만든 홈페이지나 어플리케이션을 보면 과연 고객을 위해서 만든 것인지 아니면 자기들 일 편하게 하려고 만든 것인지 헷갈릴 때가 많다. 만약 고객을 위해서 만들었다면 절대 그렇게 복잡할 리가 없을 테니까.

**91**

'8단 A/T · HDA로 진화하다'

무슨 뜻일까. 놀랍게도 저 문구는 2019년 7월 12일 기아 타이거즈와 삼성 라이온즈의 경기가 열렸던 광주기아챔피언스필드 포수 뒤편 광고판에 실린 기아자동차의 SUV '스포티지 더 볼드, SPORTAGE the bold' 광고 헤드 카피다. 팸플릿이나 보도 자료도 아니고 평범한 야구 팬과 시청자들이 보는, 그것도 야구장 내 노출 빈도와 광고 단가가 가장 높은 곳에 저런 문구가 떡하니 자리를 잡고 있는 것이다. 나는 지금도 저게 무슨 뜻인지 모르겠다. A/T · HDA도 모르면 자동차를 살 생각도 하지 말라는 뜻일까. 궁금하면 인터넷 뒤져서 무슨 말인지 찾아보라는 뜻일까. 미스터리다.

참고로 말하자면 8단 A/T는 8단 자동 변속을 의미하고 HDA는 Highway Driving Assist의 약자로 '고속도로 주행 지원 시스템'이라는 뜻이라고 한다. 인터넷에서 찾은 정보이니 맞길 바랄 뿐이다. 한마디로 스포티지 더 볼드는 고속도로에서 8단 자동 변속으로 힘차고 안정적으로 달릴 수 있다는 뜻인데, 그렇다면 카피는 이렇게 가야 하지 않을까.

"고속도로를 지배하는 8단 자동 변속의 카리스마"

혹시 유치하다고 생각하는가. 아무리 유치해도 못 알아듣는 것보단 낫다.

또 다른 예를 보자. 2019년 8월 23일, 스타벅스Starbucks로부터 광고 메일을 받았다. 스타벅스 코리아 20주년 기념으로 무료 음료 쿠폰을 받을 수 있는 별 6개를 추가로 적립해 준다는 내용이다. 별 12개면 무료 음료를 마실 수 있으니 파격적인 서비스임에는 틀림없다. 단, 조건이 있다. 등록된 스타벅스 카드로 제조 음료를 구입했을 때만 해당된다. 여기까지는 괜찮다. 문제는 그 다음이다.

이벤트 자세히 보기를 클릭하면 '꼭 확인해 주세요'라는 공지가 나오는데 꼭 확인해야 할 사항이 무려 17개다. 문장을 세어 보니 36줄이고 글자 수로는 자그마치 1,220자다. 그것도 영어는 스펠링이 아니라 단어로 세었는데도 이 정도다(도서관에서 이걸 세고 있는데 뭐 하는 짓인가 싶었다). 한마디로 스타벅스 고객들은 별 6개를 더 받기 위해 무려 17개 항목, 36줄, 1,120개에 달하는 글을 읽어야 한다는 뜻이다.

하지만 누가 그걸 읽고 앉아 있는단 말인가. 대부분 읽지 않을 것이다. 그러면 어떤 일이 벌어질까. 별 6개를 추가로 받는다는 것만 기억한 고객들은 '왜 추가 적립이 되지 않느냐'며 점원에게 물을 테고 점원은 왜 적립이 되지 않는지 설명을 해야 한다. 그리고 세상에는 별의별 인간이 다 있는지라 '왜 어디는 되고 어디는 안 되느냐, 나는 몰랐다, 이거 너무 이상한 거 아니냐' 하고 따지는 진상들이 분명히 있을 것이고, 스타벅스 바리스타들은 차분히 응대를 할 것이다. 졸지에 '별 추가 적립 설명회'가 벌어지는 것이다. 주문을 위해 대기 줄에 서 있는 다른 고객들은 울며 겨자 먹기로 설명회에 동참해야 한다.

이메일에서 촉발된 이 복잡성을 어찌할까. 글을 쓰기 위해 끝까지 읽어 본 바로는 굳이 고객이 몰라도 되는 사항도 있었고 – '내부 문건을 잘못 올린 것 아닌가' 하는 생각이 들 정도다 – 문장을 좀 다듬으면 단 몇 글자라도 더 줄일 수 있었다. 예를 들어 사이렌 오더 주문 불가 매장의 경우 '평택험프리 트룹몰, 평택험프리 메인몰, 용산타운하우스, 오산AB, 평택험프리, 대구캠프워커, 군산AB, 캠프캐롤, 캠프케이시'와 같은 미군 부대 내 매장이 포함되어 있는데 이 부분은 일일이 부대 이름을 나열할 필요 없이, '미군 부대 및 영내營內 모든 매장'이라고 하면 끝나는 것이다. 혹시 이벤트에 대한 고객 확인 사항을 이렇게나 자세히 공지하는 이유가 법적인 문제 때문이라면 이 나라는 정말 답 없는 나라다.


## 쉽고 단순한 플랫폼의 전쟁

4차 산업 혁명 시대에는 무엇이 중요할까. 청와대를 방문한 손정의 회장은 '첫째도 AI, 둘째도 AI, 셋째도 AI'라고 했지만 그 전에 전제 조건이 있다.[5] 어떤 혁신과 기술이든 놀라울 정도로 '쉽고 단순해야' 한다는 것이다.

그런 의미에서 NH투자증권의 "투자, 문화가 되다"라는 캠페인은 "투자는 누구나 하는 거야. 그래야 하는 시대니까."라는 카피를 통해 투자라는 개념을 어렵고 복잡한 대상이 아니라 누구나 할 수 있고 해야 되는 '생활'의 개념으로 전환한, 과거 현대증권의 "BUY KOREA" 이후 최고의 금융 광고 캠페인이라고 생각한다.

하지만 곧바로 의문이 들었다. 광고를 본 소비자가 '그래, 투자는 이제 문화이고 생활이구나, 나도 어서 투자를 시작해야겠다.'라고 생각을 하는 것까지는 성공했다고 치자. 하지만 그 고객이 NH투자증권으로 갈지 삼성증권으로 갈지는 모를 일이다. 만약 광고의 의도대로 생애 첫 투자를 시작하려는 고객이 어렵사리 NH투자증권 홈페이지에 방문했더라도 처음 듣는 용어들만 보인다면 그 고객은 광고의 의도대로 쉽게 투자를 시작할 수 없을 것이다. 적어도 NH투자증권에서는 말이다. '나도 이제 주식이라는 걸 한번 해 보자'라는 생각에 어렵사리 NH투자증권의 HTS(Home Trading System)[6]를 깔았는데 – 사실 HTS라는 용어도

---

5)     '문 대통령 만난 손정의, 첫째도 둘째도 인공지능', 국민일보, 2019.7.5

초보자들에겐 어렵다 – 어플을 열자마자 '감히 이런 것도 모르고 주식 투자를 하겠다고?'라는 느낌을 받는다면 "투자, 문화가 되다"라는 말은 "여러분, 부자되세요~"라는 말만큼이나 공허할 것이다.

정말로 누구나 쉽게 투자의 길로 들어설 수 있으려면 그리고 그 시작을 다른 곳도 아닌 NH투자증권에서 하려면 용어부터 홈페이지 구성, 그리고 트레이딩 시스템까지 그들을 맞이할 준비가 되어 있어야 한다(이 부분을 확인하기 위해 직접 NH투자증권 홍보/마케팅 담당자에게 이메일로 문의를 하였지만 아무런 답변도 듣지 못했다). 그렇지 않다면 투자 권유만 하고 정작 고객은 경쟁사가 유치하는 남 좋은 일만 시키는 꼴이 될 것이다.

투자를 배우고 싶은 평범한 고객의 입장에서 예상하건데 은행이든 증권사든 초등학생도 쉽게 이해하고 접근할 수 있는 투자 플랫폼을 만드는 회사가 승자가 될 것이다. 아이돌 BTS를 모델로 쓰는 것에 만족할 것이 아니라 BTS를 좋아하는 중학생이 '너무나 쉽고 간단하게' 자신의 오빠들이 모델로 나오는 회사의 주식을 게임하듯 쉽게 살 수 있고 친구들끼리 서로의 수익률을 자랑할 수 있을 정도는 되어야 한다는 뜻이다. 조만간 그러한 '낭만

---

6)     HTS(Home Trading System, 홈트레이딩시스템)은 투자자가 주식을 사고팔기 위해 증권사 객장에 나가거나 전화를 거는 대신 집이나 사무실에 설치된 PC를 통해 거래할 수 있는 시스템을 말한다. (출처: 네이버 시사경제용어사전)

적인' 금융사가 튀어나오리라 믿어 의심치 않는다.

노인들에게 햄버거를 팔고 싶으면 노인들 입맛에 맞는 메뉴를 개발할 것이 아니라 무인 주문 시스템을 노인들도 쉽게 이용할 수 있도록 바꿔야 한다. 노인들이 햄버거를 먹으면 얼마나 먹는다고 그러느냐는 바보 같은 소리는 하지 마시라. 한국은 일본보다 더 빨리 초고령화 사회로 접어든 아주 놀라운 나라다.[7]

당신이 아무리 멋진 상품과 서비스를 만들어도 그들이 쉽게 이해할 수 있도록 메시지를 쉽고 간단하게 정비하지 않으면 실버 세대를 상대로 사업이나 장사할 생각은 포기하는 게 좋다. 더 많은 국민들에게 임대 주택을 제공하려면 – 특히 노인들에게 제공하려면 – 아파트만 많이 짓지 말고 청약 신청의 과정과 종류를 더 쉽고 간단하게 줄여야 한다. 임대 아파트 신청 한번 하는 게 외계인 암호 해독하는 것만큼이나 어렵고 복잡해서 될 일인가.

## 쉽게 설명해야 하는 분명하고도 절대적인 이유

세상에 없던 걸 선보이고 설명하는 것이 프레젠테이션이다. 새로운 기술, 새로운 서비스, 새로운 상품, 새로운 아이디어… 이처

---

7)   '韓, 2025년 초고령사회 진입 전망 …국민 5명 중 1명 노인', 서울파이낸스, 2019.3.24

럼 청중에게는 모든 게 새롭다. 당연히 청중에게 본질을 먼저 설명하고 이해시켜야 하는데 문제는 여기서 발생한다. 청중이 먼저 이해를 해야만 다음 단계로 넘어갈 수 있다는 생각에 필요 이상으로 장황한 설명이 이어지는 것이다. 하지만 청중은 그럴 생각이 없다. 청중은 좋은지 싫은지를 판단하러 온 것이지 공부하려고 온 것이 아니다.

그러면 어떻게 해야 할까. 두말하면 잔소리지 않은가. 당연히 쉽게 설명해야 한다. 이렇게 쉽게 설명해도 되나 싶을 정도로 쉽게 가야 한다. 힌트를 주자면 당신의 발표 자료를 초등학생 자녀에게 설명해 보는 것이다. 어떻게 하면 이 정신 산만한 아이가 알아들을까 생각해 보라. 아이가 이해하면 된 것이다. 청중은 아이라고 생각하자.

이제 좋은 본질로 승패가 갈리는 시대는 끝났다. 좋은 본질을 보유하는 건 기본이다. 김밥에 단무지가 들어가듯이 너무나 당연한 것이다. 이제는 얼마나 쉽고 빠르게 고객에게 우리의 본질을 설명할 수 있는가가 승패를 가른다. 이제 쉬운 것이 능력이고 쉬워 보이는 자가 승자다.

**+ 사족**

소비자TV 인터뷰에 출연한 허경영 씨에게 진행자가 물었다.[8]
"과도한 엔터테이너적인 요소가 오히려 더 안 좋은 영향을 미칠 거라는 생각은 안 해 보셨습니까?"

그의 대답은 이랬다.

"그건 여러분들 생각이지 아이큐가 높은 사람은 그것을 역으로 써요. 그래서 내가 안 잊히고 있는 거예요. 바로 그 점이예요. 상식적으로 이해가 되면 그 사람은 머릿속에서 사라져 버립니다. 이해가 안 되니까 화두가 남아 있는 거예요. 그래서 그 사람이 TV에만 나오면 주목하게 되는 거예요. 굉장히 중요한 이야기입니다. 너무 상식적이면 머리에서 잊혀져 버려요. 그런데 비상식적이고 약간 초이상적이고 특수하거든요. 그러면 머릿속에 퀘스천 마크가 남아요. '저 사람은 대통령 한다는 사람이 왜 공중부양이니, 에너지를 쏴 준다느니 저런 소리를 할까, 분명 마이너스일텐데….' 이렇게 말이죠."

문재인 대통령은 2019년 9월 24일 UN 기조연설에서 비무장지대 국제 평화 지대 구상을 밝히며 '비무장 지대 안에 남북에 주재 중인 유엔 기구와 평화·생태·문화와 관련한 기구 등이 자리 잡아 평화 연구, 평화 유지(PKO), 군비 통제, 신뢰 구축 활동의 중심지가 된다면 명실공히 국제적인 평화 지대가 될 수 있을 것'이라고 말했다.[9]

---

8)   〔풀영상〕허경영의 속 이야기 제4편 '허경영의 허허실실', 2019.2.13
9)   'DMZ에 국제기구 입주시켜 평화 촉진 …판문점 선언', 국제판 뉴스1, 2019.9.25

그리고 허경영 씨가 오래 전 내건 그의 '허경영 혁명 공약 33'
의 16번 공약의 내용은 다음과 같다.


'유엔 혁명: 유엔 본부를 한국 판문점으로 이전하여 한반도
전쟁 방지와 유엔 산하 단체 500개 유치로 국방비 절감과 한
국 주도의 세계 통일을 추구한다.'

# 콘셉트를 고발한다

졸저『프레젠테이션의 신』에서 다이어그램diagram의 허상과 인포그
래픽infographic의 실효성을 지적하였다. 이번에는 콘셉트다.

## 콘셉트를 위한 콘셉트가 난무한다

무언가를 제안하는 제안 프레젠테이션에서 콘셉트 설명을 어
렵지 않게 볼 수 있다. 예를 들어 가구 회사에서 특정 공간에 가
구를 제안할 때 본질에 해당하는 가구의 '개념과 철학'을 설명하
는 것이다. 한마디로, "우리가 납품하는 책상과 의자는 보통이 아
닙니다. 최고라니까요. 한번 보세요."라고 좋게 말하면 포장을,
나쁘게 말하면 일종의 유세를 떠는 것이다.

인테리어, 전시, 건축 설계와 같은 주로 디자인이나 크리에이
티브와 관련된 업종의 입찰 제안에서 이러한 콘셉트를 많이 볼

수 있다. 특히 건축 설계 프레젠테이션의 경우는 거의 대부분 초반에 콘셉트를 설명한다.

오래전부터 이 콘셉트라는 친구가 탐탁지 않았다. 도움도 안 되는데 쓸데없는 것들이 프레젠테이션 앞자리를 차지하고 있다는 생각이었다. 그렇게 생각하는 이유는 다음과 같다.

첫째, 과연 청중과 결정권자는 콘셉트를 궁금해할까.

기본적이면서 중요한 질문이다. 프레젠테이션을 시작하면 "본 제안의 콘셉트를 설명드리겠습니다."라는 멘트와 함께 호기롭게 콘셉트 슬라이드를 보여 준다. 그것도 처음에 말이다. 청중의 집중도가 가장 높은 시간대인 발표 초반에 들이미는 콘셉트를 과연 그들이 궁금해하겠느냐는 것이다. 결정권자가 발표자(회사)에게 호의적이고 그날따라 유난히 기분이 좋으며 굉장히 진중한 성격의 소유자라면 모르겠지만 그게 아니라면 대부분은 '그런가 보다' 하고 듣는 둥 마는 둥 하거나 "자, 그런 건 됐고, 본론부터 봅시다."라는 말이 나오기 일쑤다.

둘째, 제시한 콘셉트가 실제 내용에서 보이는가.

나는 서두에 제시한 콘셉트가 프레젠테이션 내내 끝까지 살아남아 청중에게 지속적으로 각인되는 경우를 한 번도 본 적이 없다. 애초부터 그럴 생각도, 계획도 없었으니까. 콘셉트만 보면 뭔가 대단한 거라도 나올 것 같지만 결국엔 고만고만하고 별 차이도 없는 내용들이 변죽만 울리다 끝나 버린다.

이처럼 구체화되지 않는 콘셉트는 말장난 그 이상도 이하도 아니다. 물론 어떻게든 콘셉트와 자신들의 본질을 연결시키기 위해 노력하는 경우도 있지만 대부분은 콘셉트 자체가 너무 모호하거나 그 연결 과정이 너무 작위적이어서 실소失笑에 그치고 만다.

셋째, 콘셉트가 수주受注에 조금이라도 도움이 되는가.

그 어떤 것이라도 수주에 있어서, 즉 프레젠테이션을 통해 이루고자 하는 목표 달성에 도움이 되지 않는다면 그건 헛짓거리다. 물론 별의별 헛짓거리를 다 하고 사는 게 인간이지만 10분도 채 안 되는 짧은 시간에 실적과 매출에 직결되는 프레젠테이션을 하면서 도움도 안 되는 콘셉트나 나열하고 있으면 그건 헛짓거리를 넘어 미친 짓이다.

냉정히 자문해 보자. 슬라이드와 제안서의 선봉장을 자처하고 있는 콘셉트가 과연 이번 입찰과 경쟁에 도움이 되는 것인지, 아니면 그저 습관적으로 자리만 차지하고 있는 건 아닌지 말이다.

## 밥 먹고 싶으면 그냥 밥 먹자고 하자

맘에 드는 여자와 저녁을 먹고 싶으면 어떻게 말해야 할까.

"오늘 시간 되시면 저랑 저녁 식사 같이 하시죠."

이게 가장 기본적이고 담백한 표현이다. 그런데 다음과 같이 쓸데없는 소리를 더하는 경우가 있다.

"오늘 정말 날씨 좋네요. 미세먼지도 없고요. 그런데 혹시 오늘 저녁에 시간 되시는지요. 괜찮으시면 저녁에 저랑 순대국밥이나 한 그릇 하시죠."

고작 순대국밥 같은 소리나 하려고 날씨와 미세먼지를 갖다 붙인 꼴이다. 물론 날씨와 미세먼지 이야기를 먼저 하는 것이 도움이 되는 경우도 있다.

"오늘 정말 날씨 좋네요. 미세먼지도 없고요. 혹시 오늘 저녁에 시간 되시나요? 괜찮으시면 저녁에 저랑 저녁 식사 같이하시죠. 스카이타워 전망대로 예약하겠습니다. 하늘이 맑아서 경치가 정말 좋을 거예요."

이처럼 스카이타워 전망대라는 본질이 뒤를 받치고 있으면 날씨와 미세먼지는 쓸데없는 소리가 아니라 훌륭한 인트로가 된다. 그런데 왜 우리는 곧바로 밥 먹자는 본론으로 못 들어가고 쓸데없는 소리를 먼저 늘어놓을까. 자신이 없기 때문이다. 그리고 본론(본질)에 대한 확신이 없기 때문이다. 여자가 거절할까 봐 자신이 없고 순대국밥이라는 메뉴에 대한 확신이 없기 때문이다. 스티브 잡스가 자신에게 장광설을 늘어놓는 광고대행사 사람들을 향해 "제발 광고회사 사람들 티 내지 말고 그냥 본론부터 애기하세요."[1]라고 일갈한 이유를 잘 생각해 봐야 한다.

결정권자는 저녁 메뉴가 무엇인지, 그리고 얼마나 맛있는지만 알면 된다. 아마 당신이 결정권자라도 그럴 것이다.


## 집중력 총량의 법칙


'집중력 총량의 법칙law of total amount of concentration'이라는 말이 있다. 내가 만든 말이니 당연히 처음 들어 봤을 것이다. 청중이 프레젠테이션에 집중하는 집중력의 총량은 정해져 있다는 뜻이다. 사람마다 다르겠지만 한 가지 확실한 건 포노 사피엔스들의 집중력 총량은 점점 줄어들고 있다는 사실이다. 그 이유에 대해서는 앞서 수도 없이 설명했으니 생략하도록 하자. 청중이 얼마 되지도 않는 집중력을 뜬구름 잡는 콘셉트 타령에 할애해 버린다면 그래서 정작 중요한 본질에 관한 이야기가 나올 때는 그 집중력이 바닥나 버린다면 그게 바로 폭망暴亡으로 가는 직행열차다.

---

1)  『미친듯이 심플Insanely Simple』, 켄 시걸 저, 문학동네, 2014

물론 콘셉트가 무조건 잘못되었다는 말을 하려는 것은 아니다. 청중의 집중도가 가장 높은 프레젠테이션 초반을 차지하는 만큼 신중히 다뤄야 한다는 뜻이다. 그리고 강력한 킬링 메시지로 무장한 확실한 본질만 있다면 자잘한 콘셉트 없이도 얼마든지 프레젠테이션을 힘차게 치고 나갈 수 있다.

## — 09 —

# 커뮤니케이션 파괴자,
# 도널드 트럼프

**현존하는 정치인들 중에 킬링 메시지를 가장 많이 사용하는 사람을
꼽자면 당연히 도널드 트럼프**Donald Trump **대통령(이하 트럼프)이다.**

## 쉽게, 정확하게 그리고 간결하게

트럼프가 자신의 생각과 정책을 누구나 볼 수 있는 트위터에
짧은 글로 순식간에 공개해 버리는 일이 잦아지자 사람들은 우
려를 나타냈다. 말 한마디로 세계정세와 경제를 요동치게 만드
는 미국 대통령이 트위터로 메시지를 전달하는 것 자체가 경솔
할 뿐더러 위험하다는 것이다.

하지만 커뮤니케이션의 관점에서 보면 이는 엄청난 사건이다.
미국 대통령이 하고 싶은 말을 쉽고 간결하게 온라인으로 표현
했다는 것은 이제는 누구나 그렇게 할 수 있고 그래야 하는 시대

가 왔다는 뜻이기 때문이다. 즉 트럼프의 의도와 상관없이 그의 트윗은 커뮤니케이션의 형식과 격식에 종말을 고한 것이나 다름 없다. 그리고 그 종말의 하이라이트는 2019년 6월 30일 트윗 한 문장으로 성사된 김정은 위원장과 트럼프의 '판문점 회동'이다.

국제 외교 관례상 도저히 있을 수 없는 이 역사적인 이벤트가 쉽게 말하면 트럼프의 '급번개' 제안으로 성사된 것이다. 물론 사전에 조율되고 약속된 쇼라는 의견도 지배적이지만, 어쨌든 많은 사람들에게 '와, 이렇게도 만날 수 있구나, 이런 게 가능하구나.'라는 발상의 전환을 가져온 것임엔 틀림없다.

트럼프의 화법은 가끔 놀라움을 넘어 경악을 금치 못하게 한다. 그가 전하는 메시지의 옳고 그름이나 진실 여부를 떠나 분명 연구해 볼 만한 가치가 있다.

트럼프 화법의 가장 큰 특징은 무슨 말을 하든 사람들이 금방 알아듣는다는 점이다. 절대 에둘러 말하거나 어렵게 말하지 않는다. 무엇보다 '하나'의 메시지를 정확히 전달한다. 몇 가지 대표적인 발언을 보자.


"Fire & Fury"

2017년 8월 8일 트럼프는 기자들과 만난 자리에서 북한이 미사일 발사 등 미국에 대한 도발과 위협을 멈추지 않는다면 '세계가 지금까지 경험해 보지 못한 화염과 분노에 직면할 것'이라는 경고를 날린다.[1] 북한의 '불바다' 협박에 '화염과 분노'로 맞선 것이다. 이에 북한은 괌Guam 주위에 포위 사격을 하겠다고 맞받아치며 즉각 반응했다. '화염과 분노'라는 표현이 얼마나 강력한 메시지였는지 알 수 있는 대목이다.

"Totally Destroy"

같은 해 9월, 트럼프는 취임 후 첫 유엔United Nations 연설에서 북한을 향해 미국 대통령 역사상 가장 폭발적인 경고를 날리는데 바로 그 유명한 '완전한 파괴' 발언이다.[2] 지금껏 북한을 향해 이렇게까지 적대감을 나타낸 대통령은 없었다. 그나마 부시George W. Bush 대통령이 했던 '악의 축Axis of Evil' 정도가 최고 수위였다. 당시 상황은 미국이 북한을 당장 폭격해도 전혀 이상할 게 없는 분위기였다. 미국(트럼프가)이 북한을 어떻게 생각하고 있는지 이 한 문장으로 정리된 것이다.

"We fell in love."

---

1)  '트럼프, 北 다시 미국 위협하면 화염과 분노에 직면할 것', 연합뉴스, 2019.8.9
2)  '트럼프, 北 완전 파괴 위협 …대북 경고 최고조', 서울경제, 2017.9.20

1장 • 하나만 말하라. 듣기 쉽게: 킬링 메시지

그러다 일 년 후 갑자기 극적인 반전이 일어난다. 싱가포르에서 미국과 북한의 첫 정상 회담이 있은 후 자신의 외교적 성과에 한껏 고무된 트럼프는 웨스트버지니아에서 열린 중간 선거 지원 유세 연설 도중 북한과의 관계를 언급하며 "나와 김정은은 사랑에 빠졌다."고 말한 것이다.[3] 그것도 두 번이나.

상대 국가나 지도자와의 관계를 이렇게 쉽고, 극적으로 설명한 정치인은 아마 트럼프가 처음이자 마지막일 것이다. 사랑에 빠졌다는데 더 이상 무슨 설명이 필요한가. 이 '사랑' 발언은 트럼프 화법 중에 가장 백미白眉라 생각한다. 만약 한국 정치인이나 정부 관료였다면 뭐라고 설명했을까. 예상 답변을 적어 본다.

"북한과는 대화와 타협으로 맺어진 신뢰의 관계를 굳건히 다져 나가고 있으며 이는 곧 한반도의 평화가 멀지 않았음을 보여 주는 것으로써…."

이하는 생략한다.

"Business Genius"

2019년 7월, 대한민국을 대표하는 기업의 총수들은 트럼프로부터 느닷없는 최고의 찬사를 받는다. 하얏트 호텔에서 열린 기

---

3)    '트럼프, 김정은과 사랑에 빠졌다', 조선일보, 2018.10.1

업인 초청 간담회에서 한국 기업들의 미국 투자에 대한 감사를 전하며 총수들을 '경영의 천재들'이라고 치켜세운 것이다.[4] 재벌 회장에서 '경영 천재'로의 눈부신 수직 상승이다. 한마디로 양쪽 어깨에 제대로 기합을 넣어 준 것인데 '앞으로도 미국에 대한 투자를 아끼지 말아 달라'는 뜻에서 나온 말이었겠지만 국민들에게 칭찬 한 번 제대로 받아보지 못한 기업 총수들에겐 정말 뿌듯한 순간이었을 것이다. 칭찬을 하려면 자장면을 비비다가도 나무젓가락을 내려치며 소리지를 정도로 확실하게 해 줘야 한다.

"아 글쎄, 트럼프가 날 더러 경영 천재라 그랬다니까."

이렇게 말이다.


## 지켜보자


물론 트럼프라고 항상 명쾌하고 시원시원한 답변만 하는 건 아니다. 그도 두리뭉실하게 표현하는 경우가 있는데 가장 대표적인 표현이 바로 그 유명한 "지켜보자. We're going to see what happens."이다. 지금 당장 '트럼프 지켜보자'로 검색해 보라. 그

---

4)  '한국 기업인들은 경영 천재 추켜세운 트럼프 …투자 압박보다는 회유', 동아일보, 2019. 6.30

동안 트럼프가 '지켜보자'라는 말을 얼마나 많이 했는지 알 수 있다. 당장 대답하기 곤란하거나 민감한 질문에는 전부 '지켜보자.'라는 대답으로 넘어간 걸 알 수 있다.

하지만 그 어느 누구도 '왜 당신은 항상 지켜보자는 식으로 넘어가느냐' 하고 따져 묻지 않는다. 희한하게도 '지켜보자'는 대답만 나오면 기자들은 최면이라도 걸린 것처럼 더 이상 질문을 하거나 토를 달지 않는다. 뉴스를 전하는 앵커도 마찬가지다. '지켜보자는데 무슨 말이 더 필요하느냐'는 분위기다.

나는 그걸 평소 명쾌하게 말하는 사람만이 가질 수 있는 프리패스free pass라고 생각한다. 만약 트럼프가 매사에 말을 두리뭉실하게 하거나 뭔가 꿍꿍이라도 있는 것처럼 모호한 화법을 구사해 왔다면 '지켜보자'라는 말은 분명 저항에 직면했을 것이다. 하지만 평소 정확하고 단호하며 확실하게 자신의 생각을 밝혀 온 덕분에 사람들로 하여금 '그래, 트럼프가 지켜보자니까, 좀 기다려보자.'라는 분위기가 자연스럽게 생긴 것이 아닐까.

이처럼 간단명료하고 정확하게 메시지를 전달하는 습관은 정말 곤란하거나 피하고 싶은 순간에 결정적인 피난처를 제공한다. 숨 돌릴 틈을 주는 것이다. 그게 바로 킬링 메시지의 또 다른 힘이다. 강력한 메시지와 확고한 표현은 청중으로 하여금 '저 사람은 뭔가 확실히 알고 있는 사람이다'는 인상을 심어 주게 되고 한 번 심어진 인상은 쉽게 지워지지 않는다. 더구나 그 인상은 10분도 채 안 걸리는 프레젠테이션 현장에서 더욱 빛을 발하게 된다.

## 대통령 한번 해 보고 싶어서 나왔습니다

많은 정치인들이 선거철이 되면 출사표를 던진다. 자신이 얼마나 준비된 사람이며 국가와 국민을 위해 어떤 일을 할 수 있는지 핏대를 세워가며 열변을 토한다. 하지만 단 한 명이라도 기억에 남는 연설이 있었는지 묻고 싶다. 왜 없을까. 하는 말이 다 똑같기 때문이다. 사람과 정당만 바뀔 뿐 정치인들의 출사표는 비슷한 정도가 아니라 그냥 똑같다. 그렇다면 다음과 같은 출사표는 어떨까.

"솔직히, 대통령 한번 해 보고 싶어서 나왔습니다. 사나이로 태어났으면 대통령 한 번 도전해 봐야 한다고 생각합니다. 많이 부족하지만 믿고 지지해 주신다면 정말 열심히 한번 해 보겠습니다. 모르면 물어보겠습니다. 기꺼이 배우겠습니다. '진보'니 '보수'니, 저 그런 거 모릅니다. '어떻게 하면 국민들이 한 번이라도 더 웃을 수 있을까?' 오직 그것만 생각하겠습니다. 그러니 국민 여러분, 저의 이 한없이 순수하고 뜨거운 열정에 한 표를 부탁드립니다."

어떤가. 물론 말도 안 되는 소리라고 생각할 것이다. 하지만 나

**113**

는 진지하다. 분명 저런 콘셉트의 정치인이 나올 것이고 꽤 의미 있는 결과를 얻을 것이다. '국가'니 '민족'이니 '행복'이니 하는 말들이 도대체 언제까지 통할까. 지금까지는 뻔한 소리인 줄 알면서도 '원래 정치인들은 그러니까' 하면서 넘어갔지만 이제는 아니다. 저런 뻔한 소리들이 살아남기엔 직설적이고 자극적인 표현들이 너무 많아졌다. 더구나 이제는 정치인들이 너도 나도 종합편성채널과 유튜브에 출연하면서 그들의 내추럴한 언어와 태도를 국민들이 여과 없이 볼 수 있게 되었다. 정치인들의 가식과 내숭이 설자리를 잃어 가고 있는 것이다.

만약 「무한도전」이 새로운 시즌으로 다시 돌아온다면 예전과 같은 인기를 누릴 수 있을까. 자신 있게 말할 수 있다. 불가능하다. 이미 유튜브에는 무한도전은 감히 상상도 못하는 아니, 쇼킹하다 못해 공포에 가까운 도전들이 난무한다.

우리가 알고 있던 그리고 믿었던 커뮤니케이션의 법칙과 미덕은 빠르게 퇴장하고 있다. 이제는 새로운 화법을 받아들여야 한다. 그리고 그 화법은 쉽고, 간단하며, 대단히 짧을 것이다.

"사람들은 행위를 하는 즉시 결과가 나와야 더 강렬하게 반응한다. 오늘날 우리가 사는 세상에서 – 테크놀로지부터 교통수단, 상거래에 이르기까지 – 천천히 일어나는 일은 거의 없으며, 우리 뇌는 참을성 없고 호들갑스런 반응을 보인다."

_『멈추지 못하는 사람들*Irresistible*』, 애덤 알터 저, 부키, 2019

✚사족

트럼프는 한일군사보호협정 종료 결정이 난 후 첫 코멘트로 다음과 같이 말했다.

"We're going to see what happens."[5]

---

5)   '트럼프, 한국 지소미아 종료에 첫 반응, 무슨 일이 날지 지켜보자', 한국일보, 2019.8.24

# 스토리텔링:
# 텔링이 아니라 스토리다

프레젠테이션 중흥의 역사적 사명을 띠고 태어난 것도 아니고 불의를 보면 못 참는 정의로운 시민도 아니지만 프레젠테이션으로 밥을 빌어먹고 사는 사람으로서 스토리텔링storytelling에 대해 논하지 않을 수 없다.

## 바보야, 문제는 스토리야

먼저 스토리텔링의 사전적 의미를 보자.

storytelling / story-telling 이야기를 하는 (출처: 네이버 영어사전)

보다시피 스토리텔링은 말 그대로 이야기를 하는 것이다. 언제부터인가 프레젠테이션에 스토리텔링이라는 거품이 끼기 시작했다. 유튜브에 스토리텔링으로 검색하면 관련 영상과 강의가 쏟아지는데 보고 있으면 프레젠테이션 마스터인 나조차 '이거 너무 어려운데…'라는 생각이 절로 든다. 사전에는 분명히 그냥 이야기를 하면 된다고 심플하고 담백하게 써 있건만 뭐 그리 따지고 생각할 게 많은 것인지.

좋다. 백 번 양보해서 스토리텔링을 위한 법칙이나 규칙, 혹은 순서가 있다고 치자. 그래서 그러한 이야기 전개가 꼭 필요한 분야가 있다고 치자. 하지만 프레젠테이션은 아니다. 프레젠테이션은 핵심과 결론만 말하기도 바쁘기 때문이다. 그러한 특성이 프레젠테이션의 치명적인 매력이기도 하다. 또한 계속 반복하여 강조하지만 핵심과 결론이 부실하면 자꾸 스토리텔링 같은 스킬에 기대게 되고 템플릿이나 다이어그램 같은 장식에 집착하는 것이다.

## 과연 사람들은 스토리를 좋아할까

그들은 정말 스토리를 좋아할까? 물론 여기서 말하는 사람들은 포노 사피엔스들이다. 결론부터 말하면 그렇다. 아주 환장을 한다. 단 전제 조건이 있다. 굉장히 자극적이어야 한다.

예를 들어 보자. 어떤 사람이 이탈리아 로마로 여행을 갔다 왔다. 식구들과 지인들은 그가 풀어 놓는 로마에 관한 이야기를 듣느라 정신이 없다. 해외여행이 자유롭지도 않고 인터넷도 없으니 로마라는 도시가 마냥 신기할 수밖에 없다. 필름 카메라로 찍은 사진을 보여 주면 분위기는 후끈 달아오른다. 그렇다. 그 옛날 순수했던 시대를 말하는 것이다. 하지만 지금은 어떤가.

로마 갔다 왔다고 하면 대부분 이런 반응이다.

"어, 그래? 좋아?"

"정말? 나도 이번 휴가 때 갈까 생각 중인데 or 갔다 왔는데."

다들 공감할 것이다. 이 이상 피드백을 기대하기는 힘들다. 비행기 삯만 있으면 누구나 갈 수 있고 인터넷에 로마에 관한 사진과 영상 그리고 정보들이 넘쳐 나니 딱히 감흥이 없는 것이다. 하지만 로마 현지인과 로맨틱한 이벤트가 있었다고 하면 반응은 달라진다.

원나이트one-night stand라도 했다고 하면 평온을 유지하던 친구의 달팽이관은 숨소리 하나라도 놓치지 않기 위해 주변 소음을 차단하는 헤드폰 모드로 돌변한다. 인터넷에서 얼마든지 볼 수 있고 들을 수 있는 '개가 사람을 문 이야기'가 아니라 '사람이 개를 물어뜯은 이야기'이기 때문이다. 그것도 이탈리아 개를 말이다.

이제 감이 오시는지. 방법이나 스킬(telling)이 아니라 본질(story)이 중요한 것이다. 얼마나 흥미롭고 신선한 이야기를 준비하고 있느냐가 프레젠테이션의 성패를 가른다.

# 재밌고 신선하면 보는 것이다

왜 사람들은 예능 프로그램을 볼까. 연예인들끼리 웃고 떠들고 먹고 마시는 걸 도대체 왜 볼까. 물론 재미있으니까 본다. 그런데 큰 웃음을 주지 않는 예능도 있다. 심지어 시청률도 높다. 「삼시 세끼」나 「효리네 민박」 그리고 「꽃보다 할배」 같은 것들 말이다.

내가 내린 결론은 이렇다. 일상이 무료하고 재미없기 때문이다. 나도 삼시 세끼를 챙겨 먹지만 내가 챙겨 먹는 세끼보다 연예인들이 챙겨 먹는 게 더 재미있기 때문이다. 내 아이를 키우는 건 힘들고 짜증나지만 연예인들이 키우는 아이들은 왠지 더 귀엽고 재미있기 때문이다. 한마디로 예능 프로그램을 넋 놓고 본다는 건 그만큼 자신의 일상이 재미없다는 뜻이다. 그렇지 않은가. 내 일상이 재미있고 다이내믹하면 뭐 하러 남의 일상을 구경하는 데 천금같은 시간을 낭비하겠는가. 심지어 내 시간을 버린 만큼 연예인들은 돈까지 번다.

나 역시 예능 프로그램을 많이 봤다. 어느 날부터인가 흥미를 잃기 시작했는데 – 가끔 「라디오 스타」는 하이라이트만 본다. 가끔은 정말 미칠 정도로 재밌다 – 그 시점을 돌이켜 보면 강의를 본격적으로 시작했을 때부터인 것 같다.

나는 강의가 정말 재밌다. 한 번도 힘들다거나 일이라고 생각해 본 적이 없다. 지방 강의를 위해 고속도로를 달릴 때면 그렇게 기분이 좋을 수 없다. 놀러 가는 기분이다. 강의장 답사와 리허설을 위해 전날 호텔에 투숙하는 것도 - 심지어 사비私費로 - 마냥 즐겁다. 여행 온 기분이다. 연예인들 바보짓보다 강사로서의 내 일상이 더 재밌다.

## 나만 하거나, 나만 안 하거나

내가 더 재미있거나 내가 더 재미있는 걸 알고 있으면 제 아무리 뛰어난 달변가의 말이라도 관심이 없는 것이다. 아무리 구조가 탄탄해도 스토리 자체가 재미없거나 신선하지 않으면 소용없다는 뜻이다.

청중이 듣자마자 '우와'라는 감탄사가 절로 튀어나올 정도의 본질을 갖고 있다면 좋겠지만 그게 아니라면 아무리 작은 것이라도 좋으니 무조건 차별점을 찾아야 한다. 비상식적이어도 좋다. 비상식적이라고 해서 이상한 걸 말하는 게 아니다. 남들은 다 하는데 나만(우리 회사만) 안 하거나 남들은 다 안 하는데 나만(우리 회사만) 하는 건 없는지 자문해 보자. 거기서 시작하면 된다.

저자 소개에서 언급했지만 카카오톡을 하지 않는다. 남들은 다 하는 걸 나만 안 하고 있는 것이다. 그런데 이게 엄청난 스토리텔링이 된 적이 있다. 네트워크 마케팅으로 화장품을 판매하는 뉴스킨 Nu Skin에서 회원들을 대상으로 프레젠테이션 강의를 했는데 강의 도중에 "저는 카카오톡을 안 합니다. 아예 깔려 있지도 않아요."라고 했더니 다들 화들짝 놀라는 것이다. 카카오톡을 안 한다는 사실 자체도 신기했겠지만 네트워킹 마케팅이라는 특수한 영업 활동을 하는, 무엇보다 회원과 고객과의 커뮤니케이션이 너무나 중요한 그들에게 카카오톡을 안 한다는 건 있을 수 없는 일이기 때문이다. 나는 그저 남들 다 하는 걸 안 한다고 했을 뿐이다.

비즈니스도 마찬가지 아닐까. 만약 당신이 아웃도어 outdoor 브랜드를 새로 런칭한다고 가정해 보자. 오프라인 매장을 오픈한다면 어디에 할 것인가. 당연히 핵심 상권 아니면 백화점 같은 유명 유통 매장의 입점을 선호할 것이다. 하지만 그러면 브랜드를 알리기 위한 광고와 홍보 비용도 만만치 않을 것이다. 워낙 경쟁이 치열하니까. 하지만 깊은 산속이나 산꼭대기 정상에 매장을 열면 어떻게 될까. 그것도 미니멀리즘의 극치를 이루는 건축 스타일로 말이다. 당장 인스타그램이 폭발할 것이다. 특히 그 브랜드를 사려면 땀 흘려 등산을 해야만 살 수 있다는 스토리까지 더해지면 생전 등산 한 번 안 해 본 이들이 매장 앞에서 찍은 사진 한 장 건지기 위해 산을 기어오르는 진풍경을 연출할 것이다. 이처럼 스토리가 되려면 뭐가 달라도 달라야 한다. 특히 자신의 본질이 별다른 차별점이 없다면 더더욱.

## 관광과 여행의 차이

2017년으로 기억한다. 아시아 대학 랭킹 순위에 관한 신문 기사를 봤는데 1위가 싱가포르국립대학교National University of Singapore였다. 당연히 도쿄대학이나 베이징대학일 줄 알았던 내게는 작은 충격이었다. 마침 싱가포르 여행을 앞두고 있던 터라 방문 리스트에 1순위로 올려놓았다. 직접 보고 싶었다. 아시아 최고의 대학은 어떤 느낌인지. 어떻게 생긴 학생들이 다니는지.

푸르른 잔디밭이 운치 있게 펼쳐진 캠퍼스와 야외 테이블에서 진지하게 공부하고 있는 학생들의 모습은 1위 대학이라는 선입견 때문이었는지 이국적인 분위기 때문이었는지는 몰라도 '진짜 대학교'라는 생각이 들었다. 강의를 위해 많은 학교를 방문했지만 한국에서는 한 번도 받아 보지 못한 느낌이었다. 나도 빨리 자리를 잡고 뭐라도 읽어야만 할 것 같은 충동에 사로잡혔다. 그러다 갑자기 '그런데 여기 학생 식당 밥은 맛있을까?'라는 생뚱맞은 생각이 위장에서부터 치고 올라왔다.

카페테리아 형식의 식당은 더운 나라답게 시원스레 사방이 개방되어 있는, 푸르른 잔디밭을 감상하며 식사를 할 수 있는 곳이었다. 가격은 당연히 착했고 – 심지어 야구 모자를 눌러 쓴 나를 학생으로 착각한 점원이 일반 요금이 아닌 학생 요금을 받았다 – 맛 또한 기가 막혔다.

싱가포르에서 어디가 제일 좋았냐는 질문을 받으면 당연히 싱가포르국립대학 학생 식당 이야기를 한다. 그럼 다들 황당한 표정을 짓는다. 그리고 질문이 끊이질 않는다. 여행 잡지나 블로그에선 절대 볼 수 없는 여행담이기 때문이다. 당연히 마리나 베이 샌즈Marina Bay Sands나 가든스 바이 더 베이Gardens by the Bay가 더 화려하고 멋진 장소지만 그런 곳은 스토리가 되지 못한다. 너무 유명하고 다들 가는 곳이기 때문이다. 그 뒤로 여행을 가면 꼭 그 지역의 유명 대학을 방문한다. 그리고 학생들 틈에 섞여서 밥을 먹는다. 이게 여행과 관광의 차이다. 관광은 텔링이 안 되지만 여행은 저절로 텔링이 된다. 나만의 스토리가 있기 때문이다.

"난 당신보다 훨씬 더 이상해요. 이상한 건 죄가 아니에요."[1]

프레젠테이션에서 이상한 건 죄가 아니다. 이상하면 이상할수록 더 좋은 것이다. 청중은 이상할수록 좋아한다. 더 관심을 보인다. 그게 바로 스토리텔링이다. 그리고 그 이상함은 누가 대신 찾아 주는 것이 아니라 본인이 직접 찾아야 한다.

---

1)  「한니발Hannibal, 〈스자카나: 죽음과 부활〉」 중에서 (출처: Netflix)

**+ 사족**

대학 이야기가 나온 김에 '고학력, 고스펙'이라는 철옹성鐵甕城에 대한 사족을 달아 보고자 한다. 우선 다음 대화를 엿들어 보자.

"실례지만 학교는 어디를 졸업하셨습니까?"
"네, 중앙대학교 나왔습니다."
"아, 그러시군요. 저희 집사람도 중앙대를 나왔습니다. 반갑네요."

위 대화에서 어색한 점이 있는가? 그럼 이상한 점은? 당연히 없다. 아무 문제가 없는 대화다. 하지만 앞으로는 아무 문제가 없다는 것이 바로 문제가 되는 시대가 온다는 것이 문제다.
이번에는 다른 대화를 보자.

"혹시 대학은 어디를 나오셨는지요?"
"가나대학교 나왔습니다."
"네? 가나대학교요? 그게, 어디 있는….."
"아프리카 가나에 있습니다."
"네? 아프리카요?"

두 대화의 차이가 느껴지는가. 중량감이 느껴지는지 묻고 있는 것이다. 중앙대학교는 입시의 어려움으로만 보면 상위 클래스에 들어간다. 어디 가서 최소한 학력 스펙으로는 밀리지 않는다는 뜻이다. 하지만 대화에서 보듯이 커다란 임팩트를 주기는 쉽지 않다. 그럼 서울대학교는 어떨까. 물론 예나 지금이나 서울대학교라는 타이틀은 소수의 것이지만 이제는 너무 많이 노출된지라 – 심지어 서울대 출신 연예인들도 넘쳐난다 – 예전만큼의 임팩트는 주지 못하는 것이 사실이다.

하지만 가나대학교University of Ghana라면 이야기가 달라진다. 한국 사람 중에 가나대학교를 졸업한 사람이 몇이나 될까. 아니, 있기나 할까. 가나라는 나라 자체를 방문한 사람도 찾기 쉽지 않다. 그런데 그런 학교를 졸업한 사람이 그것도 한국 사람이 내 앞에 있다면 어떨까. 어쩌다 가나까지 가서 대학을 다니게 되었는지, 무엇을 전공했고 입학하려면 어떻게 해야 하는지, 가나 대학생들은 어떻게 공부하고 어떻게 생활하는지, 가나대학교도 서울대만큼이나 들어가기가 힘든지…. 수다 떨기 좋아하는 택시기사라도 만난다면 부산을 왕복해도 모자를 것이다.

많은 지식을 가진 사람이 경쟁력인 시대는 끝났다. 누차 강조하지만 우리는 모바일 인터넷의 시대에 살고 있다. 평생을 읽어도 다 읽지 못할 지식을 손 안에 틀어쥐고 있는데 '지식 경쟁력knowledge competitive power'이 무슨 소용인가. 이제는 얼마나 신선하고 특별한 이야깃거리를 가지고 있느냐로 그 사람의 경쟁력이 판가름 되는 '스토리 경쟁력story competitive power'의 시대다.

자식의 진학 문제를 고민하고 있는 학부모들은 진지하게 생각해봐야 한다. 어중간한 인 서울 대학이나 남들 다 가는 미국이나 유럽으로 유학을 보낼 거라면 차라리 아이슬란드Iceland에 있는 레이캬비크 대학Reykjavik University처럼 앞뒤 꽉 막힌 인간들은 감히 상상도 못하는 곳으로 유학을 가는 것이 아이의 미래에 도움이 될 것이다. 이차피 대학 졸업장이 목적이라면 말이다. 한국에서 대학을 나온 사람과 아이슬란드에서 대학을 나온 사람. 앞으로 누가 더 유리할 것 같은가. 그건 누구도 모를 일이다. 당신이 동계 스포츠나 동계 레저, 혹은 동계 용품과 관련된 사업을 하는 경영자라면 사계절이 뚜렷한 한국에서 공부한 사람을 뽑겠는가, 아니면 얼음의 나라에서 공부한 사람을 뽑겠는가. 면접을 본다면 어느 이력서에 눈길이 가겠는가. 한국의 겨울 한파가 해를 거듭할수록 매서워지고 있다는 사실은 당신도 잘 알 것이다.

물론 남의 자식 일이라고 너무 쉽게 떠든다고 할 수 있다. 하지만 쉽게 떠드는 사람의 말 속에서 뜻밖의 돌파구를 찾기도 하는 것이 인생이다. 남들이 다 갖는 걸 따라 가지려고 발버둥 치는 것도 인생이고 남들은 도저히 가질 수 없는 유일한 하나를 갖기 위해 정진하는 것도 인생이다. 단지 차이라면 비석에 쓸 말이 있느냐 없느냐일 뿐.

나도 내가 프레젠테이션 책을 네 권이나 쓰게 될 줄은 몰랐다. 꿈에도.

# 프레젠테이션을
# (잘)해야 하는 이유

왜 우리는 프레젠테이션을 배워야 하고 또 잘해야 할까요.
1장을 마무리하며 이야기해 보고자 합니다.

## 누구에게나 그럴듯한 아이디어는 있다

롯데백화점<sup>*</sup>에 다니는 남자가 여자 친구와 춘천을 갔습니다. 맛있는 닭갈비를 먹고 춘천의 명소인 구봉산 전망대에 올라 분위기 좋은 카페에서 커피를 한잔 마십니다. 그림같이 펼쳐진 춘천 시내의 야경에 망막과 각막이 취해 갈 때쯤, 여자 친구가 뜬금없는 질문을 합니다.

"오빠, 근데 왜 춘천에는 롯데백화점이 없어?"

무슨 말도 안 되는 질문이냐는 표정도 잠시, 이내 침착하게 대답합니다.

"왜 없긴. 시장이 없으니까 그렇지. 시장이 있으면 진작 들어왔겠지. 롯데가 아니라 현대랑 신세계도 들어왔겠지."

"아, 그렇구나."

잠시 후, 여자 친구가 한마디 던집니다.

"그럼 춘천에는 평생 백화점 구경도 못해 보고 죽는 사람도 있겠네."

그 순간 시장성이 없다는 이유로 백화점들이 외면했던 수많은 지역들이 떠오릅니다. 여자 친구 말처럼 누군가는 평생 백화점에서 양말 한 짝 못 사 보고 죽을 수도 있습니다. 그리고는 이내 남자의 머리에 번개가 칩니다.

"그래, 백화점이 꼭 클 필요는 없지. 백화점이 한곳에 있으라는 법도 없어. 그렇다면 일정 기간만 존재하는 '팝업 백화점(pop-up department store)'을 만들면 어떨까. 백화점이 없는 소도시로 롯데 백화점이 찾아가는 거야. 그들에게 백화점을 보여 주는 거야."

남자는 아이디어를 정리하기 시작합니다. 실무적인 내용까지 더해 보고서를 만듭니다. '뚜르 드 롯데, Tour de LOTTE'라는 그럴듯한 프로젝트 명도 지었습니다. 완성된 보고서를 보니 기가 막힙니다. 원래 자기가 낸 아이디어는 처음엔 다 기가 막힌 법이니까요. 정성껏 준비한 내용을 팀장님께 설레는 마음으로 보고합니다. 잠자코 듣고 있던 팀장님이 묻습니다.

"왜?"

"…."

"아니, 도대체 왜 롯데가 지방 도시를 전전해야 되는데?"

투어라는 멋진 단어를 전전(轉轉)으로 한순간에 추락시켜 버리는 팀장님의 어휘력에 고개가 절로 숙여질 때쯤 뼈를 때리는 팩트가 날아들기 시작합니다.

"지금 다들 온라인 쇼핑 때문에 난리인데 지방 돌아다녀서 어쩌자는 거야? 그리고 가뜩이나 지방 경제도 어려운데 대기업이 소도시 상권까지 먹으려 든다고 당장 난리 나지 않겠어?"

설렘도 잠시뿐. '내가 이런다고 춘천 시민들이 알아주는 것도 아닌데 이게 뭐 하는 짓인가.' 하는 회의감이 쓰나미처럼 밀려옵니다. 여자 친구의 뜬금없는 질문으로 시작된 나만의 프로젝트는 결국 헛소리로 끝나고 말았습니다.

### 헛소리가 헛소리로 끝나지 않으려면

그렇습니다. 아무리 좋은 아이디어도 처음엔 다 헛소리로 들리는 법입니다. 인터넷으로 옷을 팔겠다는 아이디어도 처음엔 헛소리였습니다. 분명 "누가 옷을 입어 보지도 않고 사느냐."는 팩트가 날아왔을 겁니다. 전 세계에 있는 일반 가정집을 여행객들에게 임대하겠다는 발상도, 평범한 승용차 운전자들을 택시 기사로 바꾸겠다는 아이디어도 처음엔 전부 헛소리였습니다. 그 헛소리들이 지금은 너무나 당연한 소리가 되어 기존의 업종들을 벼랑 끝으로 밀어붙이고 있습니다.

이처럼 멋진 아이디어와 계획이 헛소리로 남지 않으려면 반드시 누군가에게 제대로 설명해야 합니다. 설명이 되지 않는 아이디어는 헛소리로 끝나지만 설명할 수 있는 아이디어는 혁신이 됩니다. 이게 바로 우리가 프레젠테이션을 배워야 하고 잘해야 하는 이유입니다.

이 세상의 모든 혁신과 위대한 업적의 시작은 작은 설명이었습

**129**

니다. 프레젠테이션을 했다는 뜻입니다. 프레젠테이션이 꼭 파워포인트가 있어야만, 단상에 올라가야만, 복식 호흡을 해야만 할 수 있는 것은 아닙니다. 엘리베이터 안에서, 커피숍 테이블 냅킨 위에서, 그리고 우연히 합석한 술자리에서도 얼마든지 프레젠테이션은 이루어질 수 있습니다.

　머릿속의 생각을 상대방이 잘 알아듣도록 설명하는 것. 그게 바로 프레젠테이션입니다. 그러니 우리 모두 프레젠테이션을 배웁시다. 그리고 잘 합시다. 멋지게 합시다. 당신의 꿈과 낭만이 헛소리가 되지 않도록.


＊ 예시일 뿐 실제 롯데백화점과는 관련 없습니다. 아마 이 원고를 쓴 날 롯데백화점에서 쇼핑을 해서 그런 것 같습니다.

# 제2장

# 하나만 보여 줘라. 보기 쉽게:

## 코어 슬라이드
### CORE SLIDE

# ─ 01 ─

# 포노 사피엔스 시대의 슬라이드

프레젠터들에게는 너무나 가혹한 세상이 아닐 수 없다. 볼거리가 넘쳐나는 세상에서 그깟 파워포인트로 만든 슬라이드가 얼마나 관심을 끌 수 있을까. 그럼에도 불구하고 글씨로 가득 채운 슬라이드를 호기롭게 띄우는 모습을 보면 그 뚝심에 고개가 절로 숙여진다.

## 스마트폰보다 느리면 죽는다

본의 아니게 실시간 검색어 순위를 보게 된다. 보려고 보는 게 아니라 보이니까 본다.

어느 날 1위가 '봉와직염'이었다. 군대에서나 걸리는 피부 질환이 왜 화제인가 봤더니 개그맨이 봉와직염에 걸려 입원을 했다고 한다. 이런 세상이다. 개그맨 발가락 상태가 온 국민의 관심사가 되는 세상. 얼마나 일상이 무료하고 재미없으면 그럴까 싶지만 포노 사피엔스들에게는 너무나 자연스러운 일상이다.

유튜브에서 남이 라면이나 족발을 먹는 모습에서 삶의 즐거움

을 찾는 사람들. 우리는 그런 사람들을 앉혀 놓고 프레젠테이션
을 하고 발표를 해야 한다. 조금이라도 멈춰 있고 무료한 시간을
견디지 못해 시도 때도 없이 스마트폰을 집어 드는 사람들 말이
다. 밥을 먹을 때도 심지어 운동을 하면서도 스마트폰을 손에 놓
지 못한다. 이느 유명 여 가수는 예능 프로그램에 출연하여 자신
은 중독이라 샤워를 하면서도 스마트폰을 본다고 당당히 말하던
데 별로 놀랄 일도 아니다. 직접 본 적은 없지만 분명 스마트폰을
보면서 섹스를 하는 사람도 있다고 믿기 때문이다. 이런 상황은
앞으로 점점 더 심해질 것이다.

참고로 나는 스마트폰 보는 시간을 조금이라도 줄이기 위해
2010년 11월에 카카오톡을 탈퇴, 삭제했다. 그 어떤 소셜 미디
어나 커뮤니티에도 가입되어 있지 않음은 물론이다. 이렇게까지
하는데도 스마트폰 보는 시간을 줄이는 게 쉽지 않다.

이제는 비단 프레젠테이션뿐만 아니라 그 무엇이든 스마트폰
보다 느리고 즉각적이지 않으면 그걸로 끝이다. 더구나 요즘과
같은 콘텐츠 공급 과잉 시대에 사람들은 더 이상 지루하고, 따분
하고, 복잡하고, 어려운 그 무언가를 보려 하지 않는다. 집중력이
떨어져 있기 때문이다. 서문에서 언급했듯이 가장 대표적인 증
거 중 하나가 바로 카드뉴스의 등장이다. 단편적인 호기심 위주
의 정보를 깔끔한 그래픽으로 보여 주기 시작했던 카드 뉴스는
이제 경제, 사회, 정치, 과학 등 분야를 가리지 않고 어렵고 복잡

한 내용까지 다루고 있다. 사람들이 이제 글로만 구성된 길고 복잡한 뉴스를 읽지 않는다. 많은 기관들이 정책을 홍보하기 위해 앞다투어 카드뉴스를 배포하는 이유도 이제 국민들이 더 이상 지루하고 재미없는 내용을 보지 않는다는 걸 알기 때문이다.

## 설명은 필요 없다

즉각적이고 짧은 자극에 길들여져 있는 사람들 면전에 내용이 꽉 들어찬 슬라이드를 띄운다는 건 한마디로 보지 말라는 뜻이다. 아무리 슬라이드가 논리적이고 중요한 내용이 담고 있다 해도 단지 내용이 많다는 이유만으로 당신의 슬라이드는 외면 받을 것이다. 거기다 발표까지 못한다면 그 프레젠테이션은 망했다고 봐야 한다. 장황한 설명도, 복잡한 도표나 데이터도 필요 없다. 청중들이 그렇게 변했고 세상이 그렇게 변했다. 혼자 아니라고 우겨 본들 바뀌는 건 없다.

자세한 내용이야 이미 제출된 보고서와 제안서에 나와 있고 궁금하면 청중들이 알아서 물어볼 터인데 뭐 하러 복잡하고 어려운 내용을 슬라이드에 띄워서 서로를 힘들게 하는가. 청중이 원하는 건 정보info가 아니라 핵심core이다. 바로 그 핵심만을 듣고 싶기 때문에 발표자에게 주어지는 시간은 항상 짧은 것이다. 그

짧은 시간에 하나만 제대로 보여 주기도 벅찬 것이 현실이다. 두 개, 세 개를 보여 주려는 건 욕심이다.

## 본질이 약하면 말이 많아진다

사기꾼들 화법의 가장 큰 특징은 말이 많다는 것이다. 청산유수는 덤이다. 하지만 어리숙하고 지력이 떨어지는 사람들에게나 청산유수지 깨어 있는 이들에게는 사기꾼일 뿐이다. 예전에 카페에서 젊은 남자를 꼬시기 위해 침을 튀겨 가며 장광설을 늘어놓는 여자를 본 적이 있다. 얼마나 큰 소리로 떠드는지 의도치 않게 엿듣게 되었는데 결국 여자가 하고 싶은 말은 이거였다.

"내가 권하는 제품을 사라. 그러면 너는 큰돈을 벌 수 있다."

피라미드였다. 피라미드를 피라미드라고 못하니 말이 많아지는 것이다.

그리고 이 법칙은 프레젠테이션에도 똑같이 적용된다. 사족 없이, 거두절미하고 핵심과 결론을 직격直擊하려면 용기가 필요하다. 그리고 그 용기는 자신의 전달하는 메시지의 본질에서 나온다. 예전에는 별 볼 일 없는 본질도 휘황찬란한 슬라이드를 잔뜩 띄워 놓고 떠들어 대면 사람들은 '뭔가 있나 보다' 하고 최소한 쳐다는 봤다. 이제는 아니다. 순수의 시대는 끝났다. 청중은 발표자의 말이 길어질 것 같은 조짐만 보여도 엉덩이를 들썩이며 스마트폰을 만지작거리기 시작한다. 거기에 글씨가 가득 들어 찬 슬라이드까지 띄운다면 그야말로 화룡점정畫龍點睛이다.

## 포노 사피엔스들을 위한 슬라이드

슬라이드를 만드는 이유는 보라고 만드는 것이다. 보라고 만들었기 때문에 당연히 잘 보여야 한다. 그럼 잘 보이게 하려면 어떻게 해야 할까. 너무나 간단하다. 글씨와 이미지의 크기를 최대한 키워야 한다. 그리고 글씨와 이미지의 크기를 최대한 키우려면 슬라이드 위에 올려지는 내용이 적어야 한다. 즉 내용을 줄여야 하는데, 내용을 줄이려면 당연히 핵심과 결론만 보여 줘야 한다. 이게 바로 포노 사피엔스 시대를 대처하는 프레젠테이션 슬라이드의 미래이다.

아직 우리 업계는 시기상조라고, 부장님이 싫어하신다고, 변명해도 소용없다. 세상은 이미 그렇게 변했고 이 시대의 청중들은 더 이상 과거의 슬라이드를 보기 원하지 않는다. 변화의 바람은 벌써 불기 시작했다. 그 바람이 당신의 조직만 피해 갈 리 없다.

청중은 변했는데 전달 방식이 변하지 않는다면 어쩌자는 것인가. 아니, 변하는 수준이 아니라 아예 새로운 인류가 탄생해 버렸다. 그리고 이 글을 읽고 있는 당신도 바로 그 인류다.

TV CF를 만들든, 신문 광고를 만들든, 프레젠테이션 슬라이드를 만들든… 그 무엇을 만들든 유튜브를 이길 수 없으면 그 커뮤니케이션은 실패라고 생각해야 한다. 너무 극단적인가?

혹시 아직도 잘생긴 연예인이 가식적인 표정과 연기로 '맛있다'를 연발하며 라면을 먹는 모습이 먹방 유튜버가 라면 20개를 앉은 자리에서 땀을 삐질삐질 흘리며 먹는 것보다 더 소비자에게 어필할 거라 믿는 건가?

요즘 대학의 광고홍보학과에서 학생들에게 뭘 가르치는지는 모르겠지만 이거 하나만큼은 분명히 말할 수 있다. 신입생이 4년 후에 졸업할 때쯤에는 교수의 강의와 전공서적이 도저히 따라잡지 못할 정도로 세상은 변해버릴 것이다. 대학의 수준을 무시하는 것이 아니라 세상에 노출되는 정보의 속도와 강도가 너무나 폭발적인지라 4년이라는 긴 호흡을 가지고 움직이는 대학이 과연 세상의 변화를 따라갈 수 있냐는 것이다. 이미 그러한 시대를 간파하고 고등 교육의 새로운 패러다임을 제시하기 위해 미네르바 스쿨Minerva School[1]을 설립한 벤 넬슨Ben Nelson CEO의 말을 우리는 귀담아 들을 필요가 있다.

---

[1]    www.minerva.kgi.edu

"세상은 과거와 비교할 수 없이 빠르게 변하고 있는데 교육 시스템은 그 변화를 따라가지 못하고 있다."[2]

비단 대학교 교육의 문제만이 아니다. 지금 이 순간 우리가 알고 있는 모든 상식과 믿음을 다시 재조명해 봐야 할 때이다. 그리고 나는 당신에게 '파워포인트 슬라이드가 지금 이 상태로 되겠느냐'고 진지하게 묻고 있는 것이다.

단순히 예쁜 템플릿과 그럴듯한 애니메이션 효과를 고민하는 수준에서 슬라이드를 만들고 있다면, 만약 그러한 뒷모습을 나에게 보이는 이가 있다면 조용히 다가가 살며시 안아 주고 싶다. 진심이다. 너무 불쌍하지 않은가. 세상이 어떻게 돌아가는지도 모르고 템플릿이나 고르고 있다는 게.

끝으로 아무리 현실적인 이유와 환경적인 제약을 들이대며 '나는 그런 슬라이드를 만들 수 없다'고 수십, 수백 가지의 이유를 댄다면 나는 단 하나의 이유만으로 당신의 입을 다물도록 만들 수 있다.

"청중이 그런 슬라이드를 싫어해. 당신도 싫잖아."

---

2)    '한국 인재 잠재력 뛰어난데 교육 시스템은 상당히 구식', 매일경제, 2019.9.28

# 슬라이드는 보여 주는 것이다

슬라이드를 어떻게 만들어야 할까. 여기 명쾌한 답이 있다. 슬라이드
는 무조건 '쉽고, 간단'해야 한다. 이보다 더 명쾌할 수 있을까.

## 청중이 정답이다

하지만 현실은 그렇지 않다. 슬라이드에 별의별 짓을 다한다.
슬라이드는 발표자가 청중에게 보여 주는 시각 보조 자료다. 혹
자는 온갖 수식어를 갖다 붙이며 띄우려 하지만 딱 거기까지다.
그게 슬라이드의 역할이다.

주인공도 아니고 주인도 아닌 슬라이드에 왜들 그렇게 절절
매는 걸까. 슬라이드는 달밤에 산책 나가듯 가볍고 무심하게 만
드는 것이고 얼마든지 그렇게 할 수 있다. 직장인이라면 누구나
회의를 하고, 외근을 나가고, 미팅을 하고, 출장을 가듯이 슬라이

드도 마찬가지다. 누구나 쉽고 간단하게 만들 수 있다. 그것도 아주 잘 만들 수 있다. 전문가들의 거품에 현혹될 필요 없다.

청중은 핵심을 원한다. 고객도 핵심을 원한다. 평가 위원도 핵심을 원하고 클라이언트도 핵심을 원한다. 그런데 왜 핵심을 보여 주지 않는 것일까. 혹시 아끼는 것일까. 두고두고 아꼈다가 복리 이자라도 받을 생각일까. 아니면 혹시 본질을 보여 주기 부끄러워 망설이는 것일까.

그게 아니라면 청중이 원하는 핵심을 바로 보여 줘야 한다. 그리고 바로 그 핵심이 극명하게 드러나도록 하는 슬라이드가 바로 '코어 슬라이드core slide'[1]이다.

코어 슬라이드는 이론으로만 존재하는 말장난이 아니라 치열한 프레젠테이션 필드에서 여러 차례 검증을 받고 결과까지 만들어 낸 디자인이다. 그리고 무엇보다 쉽고 간단하다.

핵심과 결론만 확실히 보인다면 그리고 보여 줄 수 있다면 그걸로 충분하다. 그렇다면 소위 말하는 예쁘고 멋진 시각적 요소는 필요 없다는 말인가. 물론 아예 필요 없다고는 말하지 않겠다. 하지만 거의 필요 없다고는 확실히 말할 수 있다.

---

1) 　코어 슬라이드: 핵심이 청중에게 정확히 전달될 수 있도록 장식과 거품을 최대한 배제한 슬라이드. 전철웅 마스터는 일반 프레젠테이션은 물론 경쟁 프레젠테이션 필드에서도 코어 슬라이드를 직접 제작, 사용하고 있다. 물론 클라이언트와 사전에 충분한 협의를 거친다.

## 전제前提를 바꾸자

슬라이드를 잘 만들고 못 만들고는 지능 순도 아니고 미적 감각의 차이도 아니다. 오직 하나, 슬라이드에 대한 전제만 바꾸면 된다. 전제를 바꾸지 않으면 당신의 슬라이드는 평생 거지 같을 것이다. 삽질만 하다 끝날 것이다. 쓸데없는 돈과 에너지 낭비는 덤이다. 2018년, '전제를 바꾸라'는 주제로 경희대학교에서 진행했던 프레젠테이션 특강에서 나온 후기를 보자.

"지금 머리가 멍해져서 갑니다. 제가 생각했던 틀을 완전히 깨주셔서 감사합니다."

적잖이 충격을 받은 모양이다. 당신도 곧 그렇게 될 것이다. 지금부터 슬라이드에 대한 전제를 이렇게 바꿔야 한다.

"슬라이드는 설명하는 것이 아니라 보여 주는 것이다."

슬라이드의 본질에 대해 한순간이라도 진지하게 고민해 본 사람이라면 어떤 의미인지 알 것이다. 사람들이 슬라이드 제작을 힘들어하는 이유, 슬라이드 앞에만 서면 작아지는 이유, 아무리 노력하고 고민해도 내가 만든 슬라이드는 항상 거지 같은 이유는 슬라이드를 설명하려고 하기 때문이다. 설명하려고 하니까 내용이 많아지고, 복잡해지고 그것도 모자라 쓸데없는 장식까지 더해지는 것이다.

하지만 단순히 보여 준다고 생각하면 모든 게 간단하다. 그저 보여 주기만 하면 되니까 말이다. 슬라이드를 설명하려 하면 '어떻게 만들까'를 고민하지만 보여 준다고 생각하면 '뭘 보여 줄까'만 고민하면 된다. 아예 생각의 출발점 자체가 달라진다.

## 언제나 슬라이드가 문제다

프레젠테이션을 잘하는 사람과 못하는 사람의 가장 큰 차이는 바로 자연스러움이다. 그 자연스러움에 따라 슬라이드를 지배하는 사람과 지배당하는 사람으로 나뉘는 것이다. 즉 얼마나 자연스러운 '슬라이드 퍼포먼스performance[2]'를 보여 주느냐인데 바로 그 자연스러움을 위해 많은 이들이 어처구니없게도 스피치에 목을 맨다. 하지만 번지수를 완전히 잘못 짚은 것이다. 문제는 스피치가 아니라 발표자 뒤에 버티고 있는 슬라이드다. 이게 문제고 원흉이다.

---

[2]　　슬라이드 퍼포먼스: 슬라이드를 중심으로 이루어지는 발표 행위 전반을 아우르는 행위로서 슬라이드와 발표자가 얼마나 자연스럽게 하나가 되어 발표를 하느냐가 관건이다. 타고난 엔터테이너적인 감각은 물론 많은 연습과 경험이 필요하다. 스티브 잡스가 가장 대표적이라 할 수 있다.

깨알 같은 텍스트와 무정부주의적으로 배치된 이미지와 다이어그램, 그리고 뚫어지게 쳐다봐야 이해할 수 있는 각종 도표들은 발표자를 완전히 옭아매는 족쇄다. 많은 내용이 슬라이드에 있다는 것은 내용 정리가 되지 않았다는 뜻이고 발표 연습조차 제대로 하지 않았(못했)다는 명백한 증거다.

순서를 알아야 한다. 우선은 본질이다. 그리고 그 본질을 담는 그릇이 바로 슬라이드다. 스피치는 맨 마지막이다. 착각하지 말자. 스피치만큼 중요한 것이 아니라 슬라이드는 스피치보다 훨씬 더 중요하다.

## 슬라이드를 잘 만든다는 것의 진짜 의미

슬라이드는 잘 만들어야 한다. 그렇다면 어떤 슬라이드가 잘 만든 슬라이드일까. 어떻게 만드는 사람이 슬라이드를 잘 만드는 사람일까. 슬라이드에 관한 교육이나 강의를 할 때마다 꼭 묻는 질문이다. 돌아오는 대답은 보통 이렇다.

"한눈에 잘 보이게 만드는 사람"

"깔끔하고 임팩트 있게 만드는 사람"

"핵심을 잘 요약하여 보여 주는 사람"

틀린 말은 아니다. 하지만 이는 표현상의 방법일 뿐 궁극적인 정답은 아니다. 그렇다면 현실에서는 어떨까. 내가 경험한 한국의 기업 문화에서 슬라이드를 잘 만드는 사람에 대한 정의는 이렇다.

'많은 양의 슬라이드를 예쁘게 빨리 만들어 내는 사람'

동의하시는지. 발표 자료 만들라고 시켰더니 하루 종일 붙잡고 있으면 욕 들어 먹기 딱 좋다. 그렇다고 속도를 위해 장식을 포기해서도 안 된다. 하다못해 인터넷에 굴러다니는 그럴듯한 템플릿이라도 깔아 줘야 한다. 이게 현실이다.

그렇다면 현직 프레젠테이션 마스터가 생각하는 슬라이드를 잘 만드는 사람은 어떤 사람일까. 바로 이런 사람이다.

'최소한의 슬라이드로 프레젠테이션을 끝내 버리는 사람'

남들 슬라이드 백 장 만들 때 오십 장으로 끝내는 사람, 남들 오십 장 만들 때 열 장으로 끝내는 사람, 남들 열 장 만들 때 한 장으로 프레젠테이션을 끝내 버리는 사람. 바로 이런 사람이 진짜 슬라이드를 잘 만드는 사람이다.

궁극적으로는 슬라이드 한 장 없이 프레젠테이션을 끝내는 사람이 진정한 고수라 할 수 있다. 물론 현실적으로는 불가능하지만 JTBC에서 방영한 이수연 작가의 드라마 「라이프」에서 일말의 가능성을 목격한 적이 있다.

　대학 병원의 신임 총괄 사장(조승우 분) 앞에서 각 과의 과장들이 투약 오류를 방지하기 위한 예방책을 슬라이드에 띄워 가며 프레젠테이션 하는 장면이 나온다. 하지만 과장들의 발표 수준이 가히 유아적이라 총괄 사장의 비웃음만 듣고 프레젠테이션은 끝나고 만다. 이어서 사장의 비서이자 총괄 팀장이 바코드 리더기를 통한 투약과 약품의 관리 방안을 슬라이드 한 장 없이 오직 제품의 시연으로만 몇십 초 만에 프레젠테이션을 끝내 버린다.

　이 장면에서 두 가지를 느꼈다. 첫째는 역시 '디자인은 기획을 이길 수 없고 기획은 본질을 넘지 못한다'는 신념을 비록 드라마지만 확인할 수 있어 기분이 좋았고, 두 번째는 '역시 파워포인트(슬라이드)는 보조 도구일 뿐 슬라이드 없이도 얼마든지 훌륭하고 멋진 프레젠테이션이 가능할 수도 있겠다'는 희망을 봤다는 것이다(해당 장면은 네이버 TV에서 '조승우의 약물 오류 방지 대책 방안 최첨단 바코드 리더기'로 검색하면 무료로 볼 수 있다).

　다시 한 번 말하지만 슬라이드는 보여 주는 것이지 띄워 놓고 설명하는 것이 아니다. 설명을 위한 설명을 하지 말라는 뜻이다. 슬라이드 없이도 얼마든지 프레젠테이션이나 발표가 가능하다는 식으로 발상을 바꿔 보자. 그러면 만들어야 할 슬라이드의 양이 훨씬 줄어들 것이다. 가벼워질 것이고 보기 편해질 것이다. 그리고 그러한 슬라이드를 가장 환영하는 사람들은 당연히 청중이다.

# 버려라. 그래야 발표자도 살고
# 슬라이드도 산다

"이러면 다 죽는다."라는 말, 들어봤을 것이다.
버리지 않으면 다 죽는다.

## 보조 도구 그리고 핵심

"녹은 쇠에서 생긴 것인데 점점 그 쇠를 먹는다."
『법구경』에 나오는 구절이다.

슬라이드는 프레젠테이션을 효과적으로 하기 위해 만드는 것인데 바로 그 슬라이드가 프레젠테이션을 잡아먹는다. 그리고 발표자는 그런 슬라이드에 자신의 영혼까지 바친다. 깨알 같은 글씨에 터질 듯한 슬라이드를 만지작거리고 있는 이에게 버리라고 말하면 그는 먼 산을 바라보며 마치 절대 이룰 수 없는 꿈이라도 꾸는 듯한 몽환적인 표정을 지으며 말한다.

"버릴 게 없어요. 다 중요하거든요. 물론, 이건 덜 중요하지만… 그래도 보여 줘야 해요."

그러나 이를 어쩐 단 말인가. 당사자는 보여 줘야 할지 모르지만 청중은 보기 싫어하는 것을.

나도 한때는 슬라이드에 내용을 꽉꽉 채워 넣는 것에 집중했던 때가 있었다. 특히 대형 토목 공사 수주를 위해 꾸려진 합동 사무소 – 일명 '합사'라고 불리는 – 에서의 시간은 나의 커리어에 있어 데스 벨리death valley 그 자체였다. 몇 주 동안이나 퇴근도 못 하고 새벽까지 컴퓨터와 씨름하고 있는 수십 명의 설계사들을 보면서 약간의 과장을 보태면 그들의 머리통을 야구방망이로 전부 후려 갈긴 다음 나 역시 권총으로 생을 마감하고 픈 충동을 억누른 적이 한두 번이 아니다. 누가 죽어 나간다 해도 전혀 이상할 것 없는 환경이었고 실제로도 그랬다.[1]

하지만 아무리 지옥 같은 경험도 견디어 내면 엄청난 자양분이 되는 법. 똑똑한 사람도 파워포인트만 만들면 멍청한 짓을 서슴없이 일삼는 말도 안 되는 환경 속에서 수천 장의 파워포인트를 만든 덕분에 몇 가지 신비한 능력을 얻게 되었는데 그중 하나가 바로 분야나 내용과 상관없이 슬라이드의 양을 절반으로 줄

[1]  '대체 몇 명이 죽어야 개선되는 겁니까 …설계 근무 환경 개선, 국민 청원 4,300명 돌파'. 엔지니어링데일리, 2017.12.22

이는 기술이다. 지금까지 한 번도 실패한 적이 없다. 무슨 특별한 능력이 있어서가 아니다. 그저 슬라이드는 보조 도구일 뿐이며 청중에게는 핵심만 보여 줘야 한다는 흔들리지 않는 기준이 버티고 있을 뿐이다. 보조 도구, 그리고 핵심. 단지 이 두 가지다. 이 기준에 미치지 못하는 내용은 가차 없이 날리는 것이다. 그렇지 않으면 슬라이드에 질질 끌려다니는 볼썽사나운 꼴을 청중에게 보여 주게 된다. 슬라이드를 주군主君 받들 듯이 떠받드는 이들에게는 분명 용기가 필요한 일이다.

생각해 보자. 분명 슬라이드는 프레젠테이션을 도와주기 위해 존재하는 것인데 그동안 얼마나 많은 날을 슬라이드를 만들고 고치는 데 허비했는지. 그렇게 고생해서 만든 슬라이드가 과연 당신의 프레젠테이션에 얼마나 도움이 되었는지 말이다.

미칠 듯이 심플하고 아름다운 애플의 블랙 슬라이드black slide는 칭송하면서 왜 당신은 안 된다는 소리만 하는가. 왜 우리 회사는, 우리 조직은, 우리 부서는, 우리 업무는… 안 된다고만 하는가. 지루하고 재미없는 발표를 끝까지 들어 주는 고마운 청중을 위해서 핵심만 명확하게 보여 주자는 것인데 왜 그 정도도 못한다는 것인가. 그 정도는 청중을 위한 최소한이다.

# 왜 버리지 못하는가

누구나 알고 있다. 버려야 한다는 것을. 이런 무지막지한 슬라이드는 청중에게 보여 주면 안 된다는 것을. 프레젠테이션 교육을 진행할 때마다 교육생들과 허심탄회하게 이야기를 나눈다. 교육생들은 중간 관리자나 그 이하의 직급들이 대부분이다. 중소기업부터 대기업 그리고 지방부터 중앙 부처까지 실로 다양한 이들과 이야기를 나누면서 몇 가지 공통된 문제점을 발견할 수 있었다. 아마 당신도 이미 알고 있는 문제일 것이다.

첫째, 만드는 사람 따로 발표하는 사람 따로.
당연히 만드는 사람은 부하 직원이고 발표하는 사람은 임원이다. 그리고 임원은 슬라이드에 글씨가 적으면 격한 거부 반응을 보인다. 이렇게 내용을 줄이면 발표하기 힘드니 보기 안 좋더라도 내용을 넣어 달라고 솔직히 고백하는 이는 그나마 양반이다. 대부분은 절대 일어나서는 안 될 일이라도 벌어진 것처럼 호들갑을 떨며 경기를 일으킨다. 그리고 이를 자신을 향한 도전이자 반항이라고 생각한다.
소위 말하는 윗분들의 격한 반응을 가장 두려워하는 조직이 바로 공직 사회다. 뒤에 나오는 '공직 사회가 변하고 있다'에서 자세히 다루겠지만 공무원 조직도 많이 바뀌고 있다. 그래도 국장님의 지시와 요구 사항에 토를 달거나 거부하기는 여전히 힘든 것이 현실이다. 심지어 법이 그렇다.

"공무원은 직무를 수행할 때 소속 상관의 직무상 명령에 복종하여야 한다."

_국가공무원법 57조

이 부분 역시 공무원들과 허심탄회하게 이야기를 나누지만 한 번도 명쾌한 솔루션을 도출한 적은 없다. 상사들이 어서 퇴임을 하거나 본인이 그 위치에 빨리 올라가는 것 외에는 방법이 없기 때문이다. 그나마 가장 현실적인 방법은 고위직들이 프레젠테이션과 슬라이드 활용에 대한 교육을 받는 것인데 자기는 슬라이드 만들 일도 없고 만들어 준 걸 보고 읽기만 하면 된다는 생각이 박제되어 버린 이들에게 따로 교육을 받으라는 것 자체가 말도 안 되는 소리일 것이다.

이는 일반 기업도 마찬가지다. 정작 교육을 받아야 하는 건 임원들이다. 아무리 직원들이 새로운 지식이나 트렌드를 배운들 그걸 위에서 알아보지 못하고 허락하지 않으면 무슨 소용인가. '오늘 배운 내용을 꼭 실무에 적용하고 싶어도 과연 국장님이나 상무님이 뭐라고 하실지 걱정이다'라는 직원들의 하소연만 늘어날 뿐이다. 정말 아이러니다. 직무 능력을 향상시킨답시고 직원들에게 많은 시간과 비용을 들여 교육을 시키는데 정작 교육을 받은 직원들은 위에 분들의 반응을 걱정하고 있다는 사실이. 임원들이 반드시 먼저 변해야 한다. 그러지 않으면 버리지 못한다.

둘째, 귀찮음.

청중은 언제 슬라이드에 집중할까. 아니 눈길이라도 줄까. 청중이 슬라이드를 쳐다보려면 최소한 두 가지 요건이 충족되어야 한다.

첫 번째 조건, 교재나 인쇄물에 없는 내용이 자꾸 슬라이드에 뜨면 청중은 슬라이드를 쳐다본다. 그런데 많은 이들이 인쇄물을 그대로 슬라이드에 띄운다. 당신이 청중이라면 내가 가지고 있는 인쇄물과 슬라이드가 똑같은데 뭐 하러 수고스럽게 쳐다보겠는가. 두 번째 조건, 교재나 인쇄물보다 슬라이드가 더 보기 편하면 쳐다본다.

당연히 인쇄물과 슬라이드 따로 두 가지 버전을 동시에 준비해야 함에도 그러한 수고를 마다한다. 물론 나름대로 이유는 있다. 시간이 없다는 것이 가장 큰 이유다. 실제로 본인 업무만으로도 벅찬데 강의와 발표까지 하느라 힘들어하는 이들을 어렵지 않게 만난다. 하지만 그게 아니라면, 단지 내가 감내해야 할 고생을 청중에게 떠넘기는 것이라면 다음 글이 조금이나마 자극이 되길 바란다.

"만약 같은 기능을 가진 스마트폰을 만든다면 애플과 삼성의 스마트폰이 가져야 할 최소한의 복잡성도 동일할 것이다. 문제는 공급자가 스마트폰 내에서 그 복잡성을 짊어질 것인가, 아니면 사용자에게 떠넘기는가다. 스마트폰 시장 초기부터 현재까지 어느 스마트폰이 편리하다는 말은 그 기업이 사용자에게 떠넘긴 복잡성이 상대적으로 적다는 것과 같다."

_『복잡성에 빠지다』, 지용구 저, 미래의 창, 2019

셋째, 교수법에 문제가 있다.

기업이나 기관의 사내 강사들을 대상으로 슬라이드 클리닉을 진행하다 보면 글씨들로 폭발해 버릴 것만 같은 끔찍한 슬라이드를 너무 많이 본다. 아무리 슬라이드에 대한 개념이 부족하다고 해도 최소한의 상식만 있다면 도저히 만들 수 없는 슬라이드들이다. 왜 슬라이드를 이렇게 만드셨냐고 조심스레 물었을 때 그들이 가장 많이 하는 대답은 이렇다.

"이게 발표만 하는 게 아니라 교재로도 써야 되거든요. 나중에 교육 끝나고 교육생들이 다시 볼 텐데 내용이 다 들어가 있지 않으면 항의가 들어와요."

처음 이 말을 듣고 반성을 많이 했다. '그래, 역시 그런 이유가 있었구나. 그런 고충이 있었구나. 내가 뭘 모르고 까불었구나.'

하지만 아무리 생각해도 아닌 것 아닌 것이다. 도저히 내 상식으로는 저런 끔찍한 슬라이드를 청중에게 보여 줘서는 안 되는 것이었다.

그렇게 고민을 거듭한 끝에 내린 결론은 교수법에 문제가 있다는 것이었다. 언제부터인가 교육이나 강의를 한다고 하면 무조건 파워포인트 슬라이드를 만든다. 빔 프로젝터가 강의 현장에 필수품이 되어 버린 것이다. 모든 내용을 슬라이드로 보여 줘야 한다는 고정관념이 끔찍한 슬라이드를 양산하게 되었지만 그 어느 누구도 그 슬라이드에 관심을 두지 않는다.

잠시 생각해 보자. 빔 프로젝터가 없으면, 슬라이드로 만들지 않으면 강의가 안 되는 것인가. 그 옛날 선생님들처럼 교재만 가지고는 교육이 안 되는가 말이다. 이미 교재에 자세하고 많은 내용들이 들어 있지 않은가. 그러니 교재를 중심으로 강의를 진행하는 것은 어떨까. 그러다가 좀 더 자세히 설명할 부분이 있거나 시청각으로 보여 줘야 할 게 있다면 그때가 바로 슬라이드를 활용할 때인 것이다. 즉 강의의 무게 중심을 슬라이드에서 교재나 인쇄물로 옮기는 것이다.

슬라이드에 꼭 필요한 것만 띄운다면 어떤 효과가 있을까. 우선 필요한 슬라이드 장표의 수가 현저히 줄어든다. 그렇지 않은가. 말 그대로 필요한 것만 만들면 되니까 말이다. 그리고 무엇보다 청중의 집중과 관심도가 높아진다. 발표자나 강사가 아무거나 띄우는 것이 아니라 선별해서 슬라이드를 띄운다면 게다가

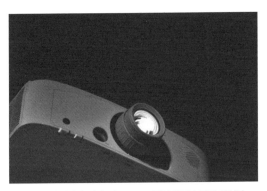

빔 프로젝터와 슬라이드는 보조 도구이지 필수품이 아니다.

보기도 편하고 이해하기도 쉽다면 청중은 반드시 슬라이드에 관심을 보일 것이다. 그렇게 인쇄물과 슬라이드를 병행하여 적절히 활용하면 청중은 더 이상 끔찍한 슬라이드를 보지 않아도 된다(참고로 파워포인트 슬라이드 쇼 상태에서 키보드의 B black 키를 누르면 화면이 검은색으로, W white 키를 누르면 흰색으로 바뀐다. 한 번 더 누르면 다시 원래 화면으로 돌아온다. 슬라이드와 인쇄물을 병행할 때 이 기능을 활용하면 청중의 집중도를 유지할 수 있다).

누누이 강조하지만 슬라이드는 발표자와 청중 모두에게 이득이 되고 도움이 되어야 한다. 그 누구도 슬라이드 때문에 스트레스를 받아서는 안 될 일이다. 녹이 쇠를 먹으면 안 되는 것이다.

## — 04 —

# 공직 사회가 변하고 있다

"세상의 모든 것은 변한다는 사실 만큼은 변하지 않는다." 누가 한 말인지는 모르겠지만 정답이다. 물론 남이 억지로 바꿔 주는 것보다 스스로 변하는 게 훨씬 쉽다.

### 이렇게 재미없는 회의는 처음 봤네

2019년 7월 3일. 허성무 창원시장이 반바지를 입고 출근한 날 이다.[1] 이런 날이 올 줄 알았다. 6년째 국가공무원인재개발원에 출강하며 프레젠테이션과 슬라이드 제작 교육을 진행하면서 공무원들이 변하고 있음을 해마다 피부로 느끼고 있었기 때문이다. 특히 생각을 바꾸기가 남북통일보다 어렵다는 국장급 이상 고위직 공무원들마저 변하고자 하는 모습을 보면서 '변화의 바

---

1)      '허성무 창원시장의 실험 …창원시 공무원 반바지 출근 허용 첫날 표정은?', 매일경제, 2019.7.3

람'Wind of Change'이 본격적으로 불기 시작했음을 알 수 있었다.

시사 프로그램을 보다가 재미있는 영상을 본 적이 있다. 2018년 지방 선거에서 부산시장에 당선된 오거돈 시장이 주재한 첫 확대 간부 회의 모습이었는데 간부들이 한 명씩 파워포인트를 띄워 놓고 보고를 시작한다. 글씨와 도표들이 빽빽하게 들어찬, 누가 봐도 공무원스러운 슬라이드였다. 발표가 다 끝난 후 내뱉은 오거돈 시장의 한마디.

"이렇게 재미없는 회의는 처음 봤네⋯."

내용이 틀린 것도 아니고, 준비가 덜 된 것도 아니고 재미가 없다니. 신선한 충격이었다. 면전에서 예상치 못한 일격을 당한 부산시청 간부들에게는 더 큰 충격이었을 것이다. 상상이나 했을까. 준비 많이 했다는 인상을 심어 주기 위해 있는 내용 없는 내용 죄다 때려 넣어 밤새워 파워포인트를 만들었건만 재미가 없다니. 그렇다면 오거돈 시장의 '재미가 없다'라는 말은 과연 무슨 뜻이었을까. 말 그대로 재미를 기대한 건 아닐 것이다. 간부 회의를 쇼처럼 해 달라는 뜻도 물론 아닐 것이다. 내가 추측한 속뜻은 이렇다.

"제발 듣고 보는 사람 입장에서 생각 좀 해 달라."

이번에는 2018년 1월, 조선일보에 실린 기사 헤드라인을 보자. '[세종풍향계] PPT 잘 만들어야 출세한다는 농담 오가는 관가'

해당 기사 일부를 그대로 옮겨 본다.

> "최근 기획재정부 공무원들 사이에서는 파워포인트(PPT - 프
> 레젠테이션에 사용하는 보조 자료)를 잘 만들어야 출세할 수 있다
> 는 농담이 오간다고 합니다. 김동연 경제부총리 겸 기획재정
> 부 장관이 기재부 공무원의 업무 보고 등에서 피피티를 활용
> 해 발표하길 원하기 때문이랍니다. 특히 글자로 채워진 '관료
> 식 PPT'보다 이미지와 동영상, 사진 등을 활용한 테드(TED)
> 형식의 PPT를 좋게 평가하는 것으로 알려졌습니다."

위의 두 사례는 시사하는 바가 크다. 대한민국에서 가장 보수
적인 조직이 공무원 사회 아닌가. 바로 그 공무원 사회가 바뀌고
있다는 신호탄이다. 말단 공무원들이 아닌 조직의 수장들이 기
존의 파워포인트 슬라이드에 제동을 걸었다는 것은 프레젠테이
션 방식에 대한 변화의 속도가 결코 느리지 않을 것임을 의미한
다. 물론 슬라이드 클리닉을 위해 공무원들이 만든 파워포인트
파일을 받아 보면 불교신자가 아님에도 불구하고 항하사恒河沙[2)]
라는 단어가 절로 떠오르게 만드는 무지막지한 슬라이드가 여전

---

2)　　항하(恒河)의 모래라는 뜻으로, 셀 수 없이 많음을 의미하는 불교 용어 (출처: 두
산백과)

히 차고 넘치지만 말이다. 그래서 30년 공직 생활을 마무리하며 회고록을 출간한 홍석우 전 지식경제부 장관의 인터뷰는 시사하는 바가 더 크다.

"정부가 개혁을 하려면 보고서부터 고쳐야 합니다. 지금도 많은 공무원이 '보고서 분칠'을 하느라 하루에도 몇 시간씩 시간을 허비하고 있거든요."[3]

## 어느 소방관의 이메일

2018년 뜨거웠던 여름, 소방관으로부터 받았던 한 통의 이메일은 공직 사회에 부는 변화의 바람이 지위 고하나 부처와 상관없이 뜨겁다는 것을 알 수 있었다. 메일 내용을 보자.

"저는 8월 마지막 주 차에 휴가를 얻으려 합니다. 기간은 8월 27일 ~ 8월 31일입니다. 금번 휴가 중에는 열 일 제쳐 두고 그동안 꼭 하고 싶었던 것을 해 보려 계획하고 있습니다. 다름 아닌 마스터 선생님께 파워포인트 작성법을 배우는 일이

---

3) '정부 개혁하려면 보고서 분칠부터 없애야' 한국경제, 2017.5.1

그것입니다. 직장에서의 직무 교육 및 외부 응급 처치 강의 시에 활용하고 있는 파워포인트는 그럭저럭 작성하는 편이지만, 이번 기회에 제대로 된 강의 기법 및 파워포인트 작성 요령 등을 배우고 익히고자 합니다. 선생님의 도움이 절실하니 도와주시기 바라며, 기간 중 교육 진행이 가능한지, 가능하다면 교육 방법 및 시간, 장소와 강의료 등 전반적인 교육 일정을 보내 주신다면 참고하겠습니다."

비록 개인 과외는 하지 않는다는 원칙으로 인해 정중히 고사하였지만 열정과 노력에 박수를 보낸다는 답장을 정성을 다해 – 나름 대안과 함께 – 보내 드렸다. 화마火魔와 싸우는 소방관이 이정도다.

## 이제 당신이 선택할 차례

이제 선택은 당신에게 달려 있다. 굳이 "변화를 바라지 않는 사람은 어느새 무엇이든 변화를 바라는 사람에게 지배당하고 휘둘리고 결국은 누구의 인생이었는지 모른 채 죽어 간다."는 마루야마 겐지의 일갈을 들먹이지 않더라도 이제 결정해야만 한다. 바꿀 것인가, 아니면 공무원보다 더 공무원 같은 프레젠테이션과 슬라이드를 고수할 것인가.

  아직도 변화를 주저하는 일선 공무원들도 마찬가지다. 원하든 원하지 않든 변화의 바람은 불기 시작했고 당신 책상 위에도 곧 불어닥칠 것이다. 어느 날 갑자기 당신 직속상관으로 오거돈 시장 같은 사람이, 홍선우 전 장관 같은 사람이, 김동연 전 부총리 같은 사람이 오지 말라는 법은 없다. 그리고 그때 불어오는 변화의 바람은 그냥 바람이 아니라 태풍일 것이다. 그렇다면 아직 산들바람일 때 변화를 조금씩 준비하는 게 낫지 않을까. 아직은 시원할 테니 말이다.

# 장식이 아닌 디자인을 하라, 진짜 디자인을

'대충 남들처럼이 아닌 제대로 알고'
라이프 스타일 교육 기업 스터디코드 STUDY CODE 는 그들의 철학을 저한 문장으로 설명하고 있다. 그렇다. 제대로 알아야 한다. 진짜 디자인을.

## 장식과 디자인의 차이

일반인들에게 디자인이라는 단어는 어떤 의미일까. 대부분 '나는 할 수 없는 것, 전문가에게 맡겨야 하는 분야, 타고난 사람들의 영역'이라는 생각이 강할 것이다.

맞다. 디자인은 타고난 감각은 물론 일정 기간의 교육과 연마를 통해 발휘되는 영역이다. 대학에 디자인과가 있는 이유다. 하지만 프레젠테이션 슬라이드 디자인, 특히 비즈니스 프레젠테이션 슬라이드 디자인은 다르다.

우선 업체에 '슬라이드 디자인을 맡긴다'라는 표현부터 잘못되

었다. '슬라이드 장식을 맡긴다'라는 표현이 더 정확하며 실제로
도 그래야 한다. 소위 말하는 파워포인트 디자이너들이나 업체
들은 장식을 하는 것이지 디자인을 하는 것이 아니다. 우리는 디
자인과 장식(데커레이션)을 혼동하고 있다. 디자인과 장식을 혼동
하게 되면 파워포인트 작성에 시간과 에너지를 낭비하게 되고
급기야 파워포인트 금지령 같은 극단적인 조치가 내려지게 되는
것이다.[1)]

## 디자인은 직접 하는 것이다

design 설계도, 도안 / decoration 장식

이게 바로 사전 상에 나와 있는 두 단어의 정확한 뜻이다.
미국 드라마 「한니발Hannibal」의 주인공인 윌 그레이엄이 살인
현장에서 범인의 입장에서 살인 과정을 자세히 상상하는 장면이
나오는데 항상 다음과 같은 대사로 끝을 맺는다.

"This is my design. 이게 내 구상이다."

---

1)    〔아무튼, 주말〕'보고서 치장은 그만, 글로 써라 …제로 PPT 선언하는 기업들',
조선일보, 2019.4.6

이처럼 프레젠테이션 슬라이드에서 말하는 디자인이란 슬라이드를 구성하고 계획하는 과정을 말하는 것이지 꾸미고 장식하는 게 아니다. 즉 남에게 맡길 영역이 아니라 바로 그 업무의 담당자인 본인이 직접 해야 하는 일이란 뜻이다.

장식은 조금만 노력을 기울이면 어느 정도의 수준까지 올라올 수 있으며 방법과 대안도 많다. 일단 인터넷에 돌아다니는 수많은 템플릿들이 있다. 대부분 유료지만 무료도 많다. 또한 파워포인트 고수들이 블로그나 유튜브에 올려놓은 다이어그램이나 디자인 샘플들을 따라하는 것만으로도 꽤 그럴듯한 결과물을 얻을 수 있다. 물론 자금적 여유가 있다면 업체에 외주를 맡길 수도 있다. 이처럼 장식은 대안이 차고 넘친다.

하지만 디자인은 다르다. 오로지 스스로 만들어 내야 한다. 그래프를 예로 들어 보자. 장식은 그저 '그래프를 무슨 색깔로 칠할까'만 고민하면 되지만 디자인은 아래와 같은 구상(생각) 단계를 거친다.

- 그래프를 그릴 것인가 말 것인가.
- 그린다면 어떤 그래프를 그릴 것인가. 원그래프인가 막대그래프인가.
- 혹시 그래프 말고 다른 대안은 없는가.
- 그래프를 통해 전하고자 하는 핵심은 무엇인가.

- 그래프를 보여 주기 전에 무엇을 말 할 것인가. 보여 주고 나서 무엇을 말 할 것인가.

기본적인 사항만 나열해도 이 정도다. 갑자기 디자인이고 나발이고 때려치우고 싶은가. 아니면 예쁜 그래프에 집착했던 그간의 노력과 시간들이 덧없어 보이는가. 하지만 당신이 진정 프로라면 – 프로에 대해서는 뒤에서 자세히 논의할 것이다 – 지금 만들고 있는 슬라이드가 프레젠테이션 경진 대회나 준비하는 아마추어의 수준이 아니라면 당연히 거쳐야 할(거쳤어야 할) 과정들이다. 물론 '예쁘고 심플한 그래프 모음'이니 '멋진 그래프 그리는 법'이니 하며 인터넷에 떠도는 샘플들이 당신을 유혹하겠지만 정작 예쁘기만 할 뿐 정작 청중의 이해와 집중에 아무런 도움도 되지 못한다.

그렇다면 청중에게 보여 줘야 할 것은 무엇인가. 바로 수치다. 결론적인 수치만 보여 주면 된다. 가령 2018년도 매출이 100억이고 청중이 알아야 할 포인트가 그것이라면 슬라이드 위에는 '2018년 매출 100억 원' 이렇게 텍스트로 크게 표현되면 되는 것이다. 굳이 2010년부터 2017년까지의 매출을 나타내는 수치들까지 띄워서 슬라이드를 복잡하게 만들 필요가 없다. 다이어그램이나 표도 마찬가지다. '좋아요Like' 아니면 '싫어요Dislike' 같은 양자택일에 길들여진 사람들에게 너무 어려운 것을 보여 주지 말자. 요구하지도 말자.

그동안 우리는 프레젠테이션 디자인이라는 개념을 제대로 알지 못했다. 배운 적도 없다. 물론 작금의 사태에 대한 책임은 써먹지도 못할 화려한 잡 기술로 사람들을 현혹해 온 이들과 눈 가린 채 겨우 코끼리 다리만 더듬었을 뿐인 어설픈 전문가들에게 있다(그렇다고 당신의 책임이 아예 없다는 뜻은 아니다).

물론 이러한 항변도 가능하다. 장식은 물론 디자인까지 전부 맡기면 되지 않느냐고. 미안하지만 국내 프레젠테이션 디자인, 더 정확하게는 파워포인트 디자인 업체 중에 장식을 넘어서서 디자인까지, 즉 기획과 구상까지 할 줄 아는 업체는 없다고 봐도 – 프리랜서 중에는 거의 없다고 본다 – 무방하다. 우선 자신들이 하는 일이 디자인이 아니라 단순한 장식 수준임을 인지하지 못하는 업체들이 태반이고, 있다 해도 극소수이며 비용 또한 만만치 않다.

이러한 현실적인 문제가 아니더라도 슬라이드의 기획과 설계는 본인이 직접 해야 한다. 인테리어 업자를 부르더라도 최소한 내 집과 방을 어떻게 꾸밀지 구상은 직접 해야 하는 것과 마찬가지다. 그게 의뢰인의 의무이자 능력이다. 그래야 디자인 업체가 가지고 온 결과물을 판별할 수 있고 컨트롤할 수 있다. 감리監理 능력이 없는 – 혹은 의지가 없는 – 의뢰인은 언제나 업자들의 밥이다.

## 단 한 장이라도 직접 해 보자

성토의 시간은 이쯤 하고 "그럼 도대체 디자인을 어떻게 하라 는 것인가."라고 따지는 이들에게 꼭 해 주고 싶은 말이 있다.

"제발, 구체적인 방법 좀 그만 찾고 단 한 장의 슬라이드라도 직접 구상을 해 보면 어떨까요?"

부자 되는 법, 투자에 성공하는 법, 빌딩 사는 법, 자녀 교육 시 키는 법, 부부 관계 좋아지는 법. 하도 이런 책과 영상들이 범람 하니 사람들은 마치 모든 일에는 그대로 따라 하기만 하면 되는 법칙이 존재할 것이라 착각한다(물론 나 역시 그랬다). 하지만 과연 프레젠테이션 디자인 잘하는 법이라는 것이, 책을 읽고 그대로 따라하기만 하면 되는 법칙이라는 것이 존재할까. 없다고 본다. 이 책이 자세한 방법론을 제시하지 않는 이유가 그리고 제시하 지 못하는 이유가 바로 그 때문이다.

결국 스스로 해 봐야 한다. 이치로Ichiro Suzuki[2]의 말처럼 '멀리 돌 아가는 것이 결국 가장 가까운 길임을 믿고' 정진해 나가는 방법

---

[2]    일본과 미국에서 활약한 일본 출신의 전직 야구 선수. 메이저리그 시즌 최다 안 타 기록을 보유하고 있다.

외엔 없다. 직장 생활 하루 이틀 하고 때려치울 게 아니라면 말이다.

## 최소한의 가이드라인

그럼에도 불구하고 적어도 책을 읽은 사람과 안 읽은 사람과는 최소한 출발점이라도 달라야 하니 슬라이드를 디자인하기 위한 기본적인 체크 사항 세 가지만 소개하고자 한다. 어디서 어떤 내용으로 프레젠테이션을 하든 당신의 슬라이드를 장식이 아닌 디자인으로 힘차게 펌프질하는 마중물이 될 것이다.

첫째, 슬라이드가 꼭 필요한가.

슬라이드를 만들기 전에 즉, 파워포인트를 열어젖히고 마우스부터 잡기 전에 생각해 보자. 지금 내가 만들려는 이 슬라이드가 꼭 필요한지 말이다. 이건 굉장히 중요한 질문이다. 사람들은 '프레젠테이션 하는 모든 내용은 슬라이드 위에 띄워야 한다'는 고정관념을 넘어 강박에 사로잡혀 있다. 그래서 별로 중요하지도 않은 심지어 그저 사족에 불과한 내용까지 슬라이드를 만든다. 슬라이드는 꼭 필요한 것만 만들면 된다.

둘째, 무엇을 보여 줄 것인가.

앞선 "슬라이드는 보여 주는 것이다."라는 말을 기억하시는지. 슬라이드가 필요하다는 결론을 내렸다면 '어떻게 만들까'가 아니라 '무엇을 보여 줄 것인가'를 생각하자. 다시 한 번 강조한다. '어떻게 만들까'가 아니라 '무엇을 보여 줄까'다.

셋째, 그래서 결국 청중의 집중과 이해에 도움이 되는가.

슬라이드를 만들기로 했든 보여 주기로 했든 어쨌든 당신이 만든 슬라이드는 청중에게 반드시 도움이 되어야 한다. 아무리 장식을 잘하고 디자인을 잘해도 – 물론 디자인을 잘했다면 당연히 청중에게 도움이 되겠지만 – 청중의 집중과 이해에 도움이 되지 않는다면 그건 그냥 쓰레기다.

물론 장식이 무조건 나쁘다는 것이 아니다. 오스트리아의 건축가 아돌프 로스Adolf Loos, 1870.12.10-1933.8.23는 "장식은 죄악이다."라고 했다지만 장식만으로 죄가 될 수는 없는 법. 다만 명분과 목적이 없는 맹목적인 장식을 하지 말자는 뜻이다. 그러니 무조건 마우스만 잡지 말고, 업체부터 찾지 말고 종이와 연필을 들고 일단 생각부터 해 보자.

✚ 사족

호주 브리즈번Brisbane에 갈 일이 있다면 사우스 뱅크South Bank에 있는 퀸즐랜드 주립 도서관State Library of Queensland[3] 방문을 강력히 추천한다(특히 공무원들에게 강력히 추천한다).

유유히 흐르는 브리즈번 강을 정면으로 바라보고 서 있는 이 웅장한 도서관은 책을 싫어하는 사람이라도 통유리로 보이는 놀라운 풍광과 분위기에 압도되어 미치도록 책을 읽고 싶게 만드는 마력 같은 곳이다. 만약 공부를 하기 싫어하는 학생이 이곳에 왔는데도 공부에 대한 의욕이 생기지 않는다면 '정말 공부를 싫어하는 아이'라고 확진 판정을 내려도 무방하다.

글이 써지지 않아 고민하는 작가나 풀리지 않는 문제로 고민하는 크리에이터가 있다면 미친 척하고 브리즈번행 비행기에 몸을 실어 보자. 오직 이곳 도서관을 방문하기 위해서 말이다. 반드시 답을 얻을 것이다. 굳이 이런 과장된 표현을 빌리지 않아도 이미 트립 어드바이저trip advisor 후기에는 도서관의 시설과 분위기를 찬양하는 댓글이 차고 넘친다.

한국에도 수변水邊을 기댄 공간은 많다. 하지만 그 어떤 공간도 이 같은 충격을 가져다주지는 못했다. 많은 호텔과 카페들이 오션 뷰ocean view를 외치지만 어림없다.

차이가 뭘까. **바로 디자인이다.** 퀸즐랜드 도서관은 건축 전문가가 아니어도 이 공간이 브리즈번 강의 풍광과 도서관이라는

---

3)　　 https://www.slq.qld.gov.au

공간적, 기능적 요소를 어떻게 최대한 접목시킬 것인가를 치열하게 고민했음을 단박에 알 수 있다. 가구의 배치, 조명, 색깔 등 모든 것이 완벽하게 디자인 되어 있다는 뜻이다. 소파 하나마저도 허투루 놓여 있지 않다. 마치 도서관이 아니라 리조트를 설계했다는 느낌이릴까. 그저 '통유리창으로 강물 보이고 인테리어 좀 하면 되지 않나?'라는 발상의 소유자들에게선 절대 나올 수 없는 공간이다.

한국 사람들이 책을 안 읽는다고 성토만 할 것이 아니라 책을 읽고 싶은 공간과 분위기를 먼저 만드는 게 어떨까. 마찬가지다. 청중에게 슬라이드 좀 봐 달라고 하기 전에 슬라이드를 보고 싶게끔 만드는 게 먼저다. 그러한 고민이 바로 디자인이고, 그러한 고민을 한다는 것 자체가 바로 디자인을 한다는 것이다.

# — 06 —

# 슬라이드 감옥에서 탈출하라

사람들은 모른다.
자신들이 템플릿<sup>template</sup>이라는 감옥 속에 갇혀 있음을.

## 이제 그만 탈옥하자

템플릿은 필요 없다고, 없어도 괜찮다고 아무리 외쳐도 들을 생각도 하지 않는다. '논 템플릿<sup>non-template</sup>'의 원조라 할 수 있는 애플의 프레젠테이션은 열광하면서도 정작 자신들의 슬라이드에는 템플릿이 있어야만 한다.

"잡스의 슬라이드를 보세요. 템플릿 없이도 얼마든지 멋진 슬라이드를 만들 수 있어요."

"맞아요. 하지만 저는 스티브 잡스가 아닌걸요."

항상 이런 식이다. 얼핏 들으면 자신은 스티브 잡스 같은 비범한 인물이 아니라는 겸손의 말처럼 들리지만 그건 겸손이 아니라 두려움이다. 본질을 온전히 드러내고자 할 때 본능적으로 따라오는 두려움. 템플릿과 디자인이라는 보호막 없이 슬라이드 위에 덩그러니 본질만 띄우려면 용기가 필요한 법이다.

"그렇다, 무언가를 없애면 그곳의 모든 것이 사라지는 게 아니라 다른 세상이 펼쳐진다. 원래 거기 있었지만, 무언가가 있음으로 해서 보이지 않았던, 혹은 보지 않으려 했던 세계가."

_『그리고 생활은 계속된다』, 이나가키 에미코 저, 엘리, 2017

안타깝다. 템플릿이라는 장막만 걷어 내면 너무나 쉽고 멋진 슬라이드의 세계가 펼쳐지는데 말이다.


## 제목을 버려야 템플릿을 버릴 수 있다

이 모든 게 제목 때문이다. 당장 자신이 만든 파워포인트를 열어 보자. 분명 슬라이드마다 위풍당당하게 제목이 달려 있을 것이다. 심지어 제목과 똑같은 텍스트가 토시 하나 안 틀리고 본문에 더 크게 써 있음에도 불구하고 여전히 제목은 달려 있다. 그중 가장 최악은 대★ 제목이라는 이유로 똑같은 제목이 수십 장에 걸쳐 반복되는 상황이다. 제목을 위해 제목을 다는 꼴이다. 슬라이드의 맨 윗자리는 아파트로 치면 펜트하우스penthouse다. 청중의 시선은 언제나 위에서 아래로 향하기 때문이다. 그런 황금 같은 자리를 고작 제목 따위에게 내준다는 것은 상가 건물 1층을 주차장으로 만드는 꼴이다.

슬라이드에는 무조건 제목이 있어야 한다는 고정 관념, 그리고 제목 부분과 본문 부분이 나누어져야 한다는 강박 관념, 마지막으로 제목과 본문의 경계가 그럴듯하게, 한마디로 예쁘게 구분돼야 한다는 미적 욕구가 더해지면 바로 그때 템플릿이라는 마수魔手에 걸리고 마는 것이다. 그리고 절대 헤어 나오지 못한다. 그 안에 완벽히 갇혀 버린다. 목줄을 풀어 줘도 한 발짝도 움직이지 못하는 서커스단의 맹수처럼.

도대체 제목은 왜 달게 되었을까. 앞선 졸저들에서 여러 번 강조했듯이 파워포인트를 발표용이 아닌 문서용으로 사용하던 잔재殘滓 때문이다. 한국처럼 상명하복식의 조직 문화에서 선배들이 사용해 온 슬라이드 양식, 즉 제목과 본문이 확연히 구분되는 스타일을 거역하기란 쉽지 않다. 더구나 관료적인 조직의 경우 아예 회사 로고까지 자랑스럽게 박아 넣은 전용 템플릿을 사용하는 곳도 많다.

하지만 상사의 눈치나 회사의 규정보다 더 무서운 것이 있다. 바로 시대가 변하고 있다는 사실이다. 인터넷에는 다른 이들이 만든 슬라이드를 얼마든지 볼 수 있다. 템플릿이라는 울타리를 벗어나 야생마처럼 신나게 질주하는 슬라이드를 보고 있노라면 지금 당신의 슬라이드가 잘못되어도 한참 잘못되었다는 것을 금방 느낄 수 있을 것이다.


## 감옥에 갇힌 채 스토리텔링을 하겠다는 건가

앞서 다룬 스토리텔링도 마찬가지다. 이 공허하기 짝이 없는 용어가 프레젠테이션과 스파크를 일으키며 한때 스토리텔링 붐이 일어난 적이 있다. 프레지나 인포그래픽은 실체라도 있지만 이건 실체는커녕 형태조차 짐작할 수 없다. 스토리텔링은 한다는 것은 - 즉 프레젠테이션에 스토리를 입힌다는 것은 - 재미있거나 흥미 있는 이야기를 넣는 것이 아니라 프레젠테이션 전체가 하나의 기둥을 중심으로 일관되게 진행된다는 뜻이다. 그러기 위해선 콘텐츠가 아니라 프레젠테이션 전체를 끌고 갈 강력한 주제, 즉 중심이 필요하다.

군이 집중하려 미간에 기합을 주지 않고도 발표자의 발표를 편안히 따라가다 보면 어느 하나의 결론이나 핵심에 이르도록 하는 것이 바로 스토리텔링이다. 즉, 스토리는 재미있는 이야기가 아니라 하나의 '줄기'인 것이다.

사람들은 스토리텔링을 한다면서, 전문가들은 스토리텔링을 하라면서 슬라이드 상단에 박혀 있는 제목에 대해서는 아무도 지적하지 않는다. 당신이 아무리 이건 프레젠테이션 슬라이드라고 우겨도 상단에 제목이 꼬박꼬박 박혀 있다면 그건 슬라이드가 아니라 문서document다. 물론 너무나 많은 사람들이 문서를 슬라이드라고 우긴다. 단지 파워포인트로 만들었다는 말도 안 되는 이유로 말이다. 스토리텔링이 살아 있는 슬라이드라면 제목이 없어도 물 흐르듯 내용이 이어져야 한다.

문서에 제목이 필요한 이유는 옆에서 도와주는 사람이 없기 때문이다. 문서에 적혀 있는 활자만으로 내용을 파악해야 하기에 제목은 물론 자세한 설명과 구체적인 수치까지 동원되어야 한다. 하지만 프레젠테이션은 발표자라는 친절한 화자話者가 있지 않은가. 핵심이 정리된 슬라이드와 발표자의 설명이 곁들여진다면 제목이 없어도 슬라이드는 물론 전체적인 프레젠테이션을 이해하고 따라가는 데 전혀 문제가 없다.

# 제안서가 재미없는 이유

제안서라는 단어를 들으면 어떤 이미지가 떠오르는가. 지루하다, 복잡하다, 많다, 어렵다, 진지하다(쓸데없이)… 대부분 이런 이미지들이다. 당연하다. 제안서를 제안서처럼 만들기 때문이다. 그럼 제안서를 제안서처럼 만들지 어떻게 만드느냐 따진다면 이렇게 되묻겠다. 잡지처럼 만들면 어떨까. 만화로 표현하면 어떨까. 말도 안 되는 소리라고 생각하는가. 나는 제안서를 복잡하고 지루하게 만들어 놓고는 상대방이 자세히 읽어 주기를 바라는 생각이 더 말도 안 된다고 생각한다. 더 심하게 표현하면 완전히 정신 나간 짓이다(하긴, 지루하고 복잡하게 제안서를 만드는 것도 능력이라면 능력이다).

백 번 양보해서 제안서가 어쩔 수 없다면 그럼 최소한 슬라이드만큼은 보기 편하고 쉽게 만들어야 하지 않을까. 슬라이드에서 만큼은 격식과 형식을 탈피해도 되지 않을까. 나는 세계 최고의 제안서를 만들 자신은 없지만 세상에서 가장 보기 쉽고, 보기 편한 제안서는 만들 자신이 있다. 그리고 그것이 제안서가 갖춰야 할 첫 번째 덕목이라 믿는다.

혁신은 작은 것에서부터 시작된다. 슬라이드를 혁신하고 싶은가. 제목부터 빼자. 해 보자. 어떻게 되는지 보자. 제발, 제발 행동을 해 보자. 제일 먼저 할 일은 회사 차원에서 규정된 공식 템플 릿 서식을 폐기하는 것이다. 그렇지 않으면 그 조직은 절대 템플 릿이라는 감옥에서 벗어나지 못한다.

우선 부담 없는 슬라이드부터 시도해 보자. 동료들끼리 가볍게 이루어지는 회의에서부터 템플릿 없이 슬라이드를 만들어 보자. 분명 처음에는 아무것도 없는 텅 빈 슬라이드에 글자 하나 넣는 것이 새하얀 눈밭에 첫 발자국을 남기는 것만큼 망설여지겠지만 일단 해 보자. 그깟 파워포인트 하나 만들면서 너무 애쓰지 말자. 너무 힘 들이지 말자는 뜻이다.

> "비싼 만년필을 사용할 필요도, 이름 박힌 특제 원고지를 사 용할 필요도 없습니다. 도구에 집착하며 이 세계로 들어온 이 는 고작해야 삼류 소설가밖에 되지 못합니다. 그들은 문학의 본질과 핵심을 파고들지 못하는 탓에 겉이나마 치장하려는 것입니다."
>
> _『아직 오지 않은 소설가에게』, 마루야마 겐지 저,
> 바다출판사, 2019

## 굳이 제목을 넣으시겠다면

이렇게까지 이야기를 했는데도 굳이 제목을 넣겠다는 사람은 없겠지만 계급이 깡패라고 임원이 제목 없는 슬라이드를 도저히 용납을 못하거나 조직의 특성상 작게라도 제목이 반드시 들어가야 한다면 다음 두 가지 대안을 고려해 보길 바란다.

첫째, 제목이 꼭 상단에 있어야 하나.

그렇지 않은가. 왜 제목은 꼭 맨 위에 있어야 하나. 맨 아래, 하단에 배치하면 큰일 나는가. 어차피 형식이라면 그 형식이 왜 꼭 맨 위여야만 하는가. 제목이 상단에 있어야 한다는 것도 고정관념이다. 아니면 16:9 사이즈의 와이드 슬라이드를 만든다면 제목을 맨 왼쪽이나 오른쪽에 세로로 넣으면 안 될까?

둘째, 간지間紙를 활용하자.

가령 '동남아 시장 분석'이라는 제목에 해당하는 슬라이드가 10장 정도 진행된다고 하면 10장 전부 '동남아 시장 분석'이라는 제목을 다는 대신에 '동남아 시장 분석'이라는 큰 텍스트가 들어간 간지 슬라이드를 만드는 것이다. 그리고 이렇게 발표하는 것이다.

"지금부터 '동남아 시장 분석'에 대해 말씀드리겠습니다."

그러면 다음 10장은 '동남아 시장 분석'이라는 제목을 넣지 않아도 된다. 물론 간지도 만들고 제목도 다는 도저히 이해 못할 슬라이드를 만드는 사람도 있지만 – 의외로 많다 – 아직 형식과 고정관념이라는 감옥에 투옥 중인 사람들이니 너무 나무라지는 말자. 그들에겐 광복절도 있고 크리스마스도 있으니까.

# 07

# 프로의 슬라이드, 아마추어의 슬라이드

어느 분야나 프로와 아마추어가 있다.
슬라이드만 봐도 프로[1]와 아마추어를 구분할 수 있다. 확연히.

## 어차피 만드는 시간은 똑같다. 하지만

슬라이드 만드는 시간을 10으로 봤을 때 어차피 프로나 아마추어나 걸리는 시간은 비슷하다. 다만 그 10이라는 시간을 활용하는 밀도가 다르다. 결론부터 말하면 프로는 생각하는 시간이 많고, 아마추어는 마우스를 잡는 시간이 많다. 프로가 슬라이드를 만들기 전에 생각하는 시간, 즉 기획하는 시간에 7할을 할애

---

1)     여기서 의미하는 프로는 직업으로서의 프로가 아닌 프로 정신(professionalism)을
갖춘 사람을 말한다.

한다면 아마추어는 고작 1할이거나 아예 할애를 하지 않는다. 아마추어는 생각 없이 파워포인트 파일부터 열어젖힌다는 뜻이다. 그리고는 템플릿을 찾아 헤매기 시작한다.

그렇다면 프로는 슬라이드를 만들기 전에 무엇을 생각할까. 예를 들면 다음과 같다.

"슬라이드 여러 장보다는 동영상 한 편이 좋겠어. 유튜브에 적당한 영상이 있는지 찾아보자. 이런 없군. 그럼 영상을 찍어야 할까. 아니야, 찍을 시간은 없어. 비용도 문제야. 그럼 이미지를 찾아보자. 이미지로 대체하면 복잡한 슬라이드보단 훨씬 나을 거야."

"이 부분에서는 '에너지 절감률 50%'가 핵심이야. 어떻게 표현해야 청중들이 쉽게 이해하고 인상 깊게 받아들일까. 50이라는 숫자를 크게 보여 줘야 할까. 아니야, 임팩트가 없어. 더 쉽게 와닿을 수 있는 비교 대상을 찾아보자."

어떤가. 만약 위의 과정들이 힘들거나 어렵거나 심지어 귀찮다고 생각된다면 당신은 아마추어다. 더 이상 심한 말은 하지 않겠다. 아마추어라는 말보다 심한 말은 없을 테니까.

## 결국 승부는 연습 시간에서 갈린다

 기획의 과정 없이, 일단 만들고 보자는 심산으로 슬라이드를 만들면 어떤 문제가 생길까. 일단 빨리 만들기는 할 것이다. 벌써 만들었느냐고 칭찬도 받을 것이다. 하지만 설계와 기초 공사가 부실한 건물에 하자가 많듯이 충분한 생각과 고민의 시간 없이 만든 슬라이드는 반드시 그만큼의 수정이 필요하다. 고칠 곳이 많다는 뜻이다. 아예 다 뒤집어엎는 경우도 다반사다. 결국 발표일이 다가올수록 시간에 쫓기게 되고 충분히 연습할 시간도 없이 발표 직전까지 수정만 하다가 프레젠테이션이 끝나 버린다.

 반면 충분히 기획의 과정을 거친 슬라이드는 고칠 게 별로 없다. 있어도 오타 몇 자, 이미지 몇 장이다. 최소한 다 뒤집어엎는 어처구니없는 수정은 생기지 않는다. 설계와 기초 공사가 튼튼했기 때문이다. 아마추어가 슬라이드를 뜯어고치는 동안 프로는 그 시간에 발표 연습을 할 수 있다. 승부는 여기서 갈린다. 얼마나 많은 연습 시간을 확보하느냐가 결국 프레젠테이션의 질로 이어지는 것이다. 복식 호흡이니 바디 랭귀지body language니 하는 것도 결국 연습할 시간이 있어야 할 것 아닌가.

 청중과 교감하는 자연스러운 프레젠테이션은 스킬이 아니라 연습량에서 나오는 것이다. 다시 한 번 말한다. 스킬이 아니라 연습량이다.

# 지배하거나 지배당하거나

이렇게 벌어진 연습량의 차이는 실제 발표 현장에서 어떻게 보일까. 결론부터 말하면 안쓰러워 못 볼 지경이다. 물론 아마추어에 해당하는 말이다. 연습이 충분치 않으니 슬라이드의 흐름이나 내용을 충분히 숙지하지 못했다는 불안감이 경직된 태도와 표정에 그대로 드러난다. 그런 발표자를 바라보는 청중들의 심기도 여간 불편한 게 아니다. 발표 내내 슬라이드에 질질 끌려 다니다가 – 슬라이드 순서와 내용을 모르니 어쩔 수 없다 – 결국 프레젠테이션을 망치고 무대에서 쓸쓸히 내려온다. 물론 박수는 받을 것이다. 그 정도면 잘했다고, 수고했다고 격려도 받을 것이다. 하지만 그게 나 무슨 소용인가. "졌지만 잘 싸웠다."는 말장난만큼이나 공허함만 가져다 줄 뿐이다.

반면 충분한 연습 시간을 확보한 발표자는 청중과 충분히 교감함은 물론 슬라이드를 가지고 논다. 진정한 슬라이드 퍼포먼스가 이루어지는 것이다. 몸의 방향은 슬라이드가 아닌 청중을 향하고 있으며 슬라이드의 내용은 물론 순서까지 꽤 차고 있으니 물 흐르듯이 자연스러운 발표가 이루어진다. 중간중간 즉흥적인 애드리브와 농담도 적재적소에 배치한다. 한마디로 슬라이드를 지배하는 것이다.

프로와 아마추어를 구분 짓고 정의하는 기준은 여러 가지가 있겠으나 필자는 자연스러움이라고 믿는다. 경력이 오래된 연륜 있는 의사는 환자를 편하게 하지만 그렇지 않은 의사는 불편함을 넘어 환자에게 불안감마저 주지 않던가. 마찬가지다. 프로의 프레젠테이션은 편하다. 자연스럽다. 그리고 그 자연스러움의 시작은 철저히 준비되고 계획된 슬라이드 기획에서 나온다.

그러니 지금 당장 마우스를 놓고 생각하자. 호텔 하나 예약하는 데도 온갖 사이트를 들쑤시고 고민하는 마당에 그 중요한 프레젠테이션을 위한 슬라이드를 만드는데 최소한 고민하는 척이라도 해야 하지 않을까.

## 슬라이드 기획 훈련법

이제 마음을 다잡고 프로의 세계로 들어서기로 했다면 다음에 제시하는 방법으로 연습해 보자. 연습을 해야 하는 이유는 간단하다. 분명 처음에는 잘 안 될 테니까.

옛 어른들 말씀 중에 '밥 남기면 벌 받는다.'라는 말이 있다. 그만큼 쌀 한 톨도 소중히 생각하라는 뜻 아니겠는가. 마찬가지다. 우리는 슬라이드를 너무나 낭비하고 있다. 클릭만 하면 원유 뿜어져 나오듯 슬라이드가 생성되니 마치 무한한 자원인 것처럼 생각한다. 그러다 보니 의미도 없고 청중으로부터 일말의 관심조차 받지 못하는 쓰레기 같은 슬라이드가 양산되는 것이다.

슬라이드 한 장 한 장을 소중히 생각하자. 존재의 의미와 이유가 있어야 한다. 그리고 당연히 그 의미와 이유는 청중에게 핵심을 제대로 전달하는 것이다.

첫째, 텍스트 없이 이미지만으로 만들어 본다.

물론 말처럼 쉬운 일은 아니다. 하지만 분명히 시도해 볼 만한 가치가 있다. 슬라이드를 이보다 더 심도 있게 바라볼 수 있는 방법도 없기 때문이다. 분명 텍스트 없이도 슬라이드가 가능하다는 사실에 놀랄 것이다. 사실 슬라이드에 떠우는 대부분의 텍스트는 발표자의 머릿속에 있어야 할 것들이다. 아니면 청중에게 미리 배포되는 자료에 들어가 있어야 한다. 이미지만으로 만들다 보면 '어머, 이 텍스트는 꼭 슬라이드로 보여 줘야 해.'라고 생각되는 문장이나 단어가 있을 것이다. 그게 바로 슬라이드에 꼭 들어가야 할 텍스트다.

둘째, 애니메이션 효과 없이 만들어 본다.

많은 사람들이 단지 그런 기능이 있다는 이유만으로 애니메이션 효과를 쓴다. 의미도, 개연성도, 목적도 없이 불쑥불쑥 튀어나오는 효과들을 보고 있자면 '무슨 생각으로 슬라이드를 만들었을까'라는 의문을 갖게 된다.

애니메이션 효과를 쓰지 않으면 뭔가를 강조하기가 훨씬 힘들어진다. 동적인 장치 없이 정적인 상태에서 강조를 하려면 당연히 쓸데없는 것들을 걷어 내야만 한다. 애니메이션 효과의 도움 없이도 핵심이 강조되고 내용이 전달될 수 있도록 고민해 보자. 그게 바로 슬라이드 기획이고, 청중을 향한 발걸음의 시작이다.

셋째, 레이저 포인터는 필수품이 아니다.

프레젠테이션의 필수품이 되어 버린 레이저 포인터. 휘황찬란한 슬라이드 자체만으로도 정신 사나운데 레이저까지 쏘아 대니 그야말로 「클론의 습격 Star Wars: Episode II - Attack Of The Clone」이 따로 없다. 잘 만든 슬라이드에는 그리고 훌륭한 발표자는 레이저 포인터가 필요 없는 법. 핵심과 결론이 슬라이드에 확연히 드러나 있으니 레이저로 가리키고 말고 할 것도 없다. 내가 만든 슬라이드가 잘된 슬라이드인지 아닌지를 검토해 보고 싶다면 레이저 포인터 없이도 발표가 가능한지 체크해 보면 된다. 만약 레이저 포인터 없이 발표가 불가능하다면 그건 슬라이드에 쓸데없는 불순물이 가득 들어차 있다는 명백한 증거다.

2016년, 제10회 볼보 VOLVO 트럭 연비왕을 차지한 분께 '어떻게 하면 연비를 줄일 수 있는지' 물어본 적이 있다. 대답은 이랬다.

"저는 제 차에 브레이크가 없다는 생각으로 운전합니다."

레이저 포인터를 못 쓴다고 생각하고 슬라이드를 만들어 보자.

연비는 못 줄여도 쓸데없는 내용은 확실히 줄일 수 있다.

넷째, 두 가지 색만 써 본다.

흑백만으로 슬라이드를 만들되 추가로 딱 한 가지 색만 더 쓴다. 빨강이든 노랑이든 파랑이든 상관없다. 대신 뭔가를 강조하고 싶을 때 그곳에 그 색깔 하나만 쓰는 것이다. 이렇게 만들면 우선 색깔 사용에 대한 스트레스를 없앨 수 있고 – 일반인들이 가장 힘들어하는 것 중 하나가 배색配色 아니던가 – 무엇보다 강조할 때 확실하게 강조하는 기분이 어떤 것인지 그리고 그 효과가 얼마나 대단한지 알 수 있다.

다섯 째, 바탕 화면 아이콘을 전부 지워 본다.

내 노트북 바탕 화면 아이콘은 휴지통 하나뿐이다. 당신의 바탕 화면은 어떤가. 보나 마나 엑셀, 파워포인트, 한글, 워드 그리고 각종 이미지와 동영상 파일들이 최소한 반은 덮고 있을 것이다. 그게 편하고 효율적이며 '원래 바탕 화면은 이런 것 아닌가'라고 생각할 것이다. '원래 슬라이드는 내용이 빽빽한 것이다'라고 생각하는 것처럼. 바탕 화면 아이콘들을 전부 지워 보자. 그럼에도 불구하고 꼭, 반드시, 기필코 바탕 화면으로 빠져나와야 하는 파일이 있다면 그 친구가 바로 가장 중요한 파일이자 당신이 가장 많이 사용하는 핵심 프로그램이다.

# 훈련에 도움이 되는 책

마지막으로 슬라이드 기획에 도움이 되는, 즉 심플한 슬라이드를 구성하는 데 도움을 줄 수 있는 책을 소개하고자 한다. 물론 인생에도 도움이 된다.

1. 『두 남자의 미니멀 라이프 *Minimalism: Essential Essay*』, 조슈아 필즈 밀번, 라이언 니커디머스 저, 책읽는수요일, 2013

2. 『심플하게 산다 *L'art de la simplicite*』, 도미니크 로로 저, 바다출판사, 2012

3. 『미친듯이 심플 *Insanely Simple: The Obsession That Drives Apple's Success*』, 켄 시걸 저, 문학동네, 2014

보다시피 전부 '심플'에 초점이 맞춰져 있다. 만약 위 세 권의 책을 읽고 난 후 아무런 감흥이 없거나 심지어 읽는 중간에 '나랑은 안 맞네' 하면서 덮어버린다면 당신의 슬라이드가 청중을 위한 프로의 슬라이드로 바뀔 일은 없을 것이다.

쓸데없는 것과 중요한 것을 구별할 줄 아는 안목과 실행할 용기가 동반되지 않으면 - 여기서 용기라는 표현을 쓴 이유는 오직 핵심만을 드러낸다는 것이 사실 용기가 필요한 일이기 때문이다 - 그 어떤 교육이나 스킬이 달라붙어도 당신의 슬라이드는 여전히 무겁고, 복잡하고, 정신 사나우며, 거지같을 것이다. 장담한다. 반드시 그럴 것이다.

잔심부름이나 하는 사환使喚이 아니라 사원이라면, 지금 하고 있는 일이 죽지 못해 하는 것이 아니라면, 그리고 하루하루 월급과 주말만 기다리는 솔거노비率居奴婢가 아니라면, 무엇보다 프로라면, 프로페셔널이라면, 당신의 슬라이드는 바뀌어야 한다. 나의 이런 일갈이 당신의 슬라이드에 글자 하나, 장 수 하나라도 줄일 수 있게 되길 진심으로 바란다.

# 08

# 이미지를 위해 이미지를 아낀다

한때 이미지 부자였다. 수 백 기가giga에 달하는 이미지가 외장 하드에 분야별로 정리되어 있는 내 이미지 라이브러리를 본 사람들은 반사적으로 브라보를 외쳤다. 평생 쓰지도 못할 이미지들을 모으고 또 모았다.

## 과유불급過猶不及의 대가

당시 내가 만들던 슬라이드는 화려한 이미지들의 향연이자 격전장이었다. 디자인 실력을 키우는 대신 이미지 수집에 집착했다. 그러던 어느 날 '파멸의 날doomsday'이 찾아왔다. 그때 사용하던 외장 하드는 그야말로 무식의 결정판이었다. 무게도 무게지만 외장 하드를 돌리기 위해 따로 전원 코드가 필요했던, 빌 게이츠Bill Gates가 대학생 시절에 들고 다닐 법한 그야말로 구시대의 유물이었다. 그런데 갑자기 움직이질 않았다. 전원을 꽂아도 전혀 미동도 하지 않았다. 40도까지 열이 끓어오르는 아이를 부둥

켜안고 응급실로 질주하는 엄마의 심정으로 용산으로 내달렸다.
그리고 수리 기사에게 들었던 첫마디.

"여기 있는 자료들… 중요한 건가요?"

평생 모아 온 이미지들이 작별 인사도 없이 순식간에 날아가
버렸다. 수리 센터를 걸어 나오는데 기분이 묘했다. 홀가분했다.
더 이상 이미지를 긁어모으지 않아도 된다는 해방감이었던 것
같다. 이미지에 대한 '생각의 대전환'이 찾아온 순간이었다.

## 아껴야 한다

무료 이미지 사이트도 많아졌고 고해상도 이미지도 어렵지 않
게 구할 수 있는 시대다. 그러다 보니 이제는 남발하는 이미지가
문제다. 소위 애플식 프레젠테이션을 한답시고 감각적인 이미지
한 장에 글자 몇 개만 덩그러니 띄워 놓는 프레젠테이션을 자주
보게 되는데 그러한 슬라이드가 계속 반복되면 금세 피로하고
지겨워진다. 특히 너무나 많은 이미지들로 인해 정작 청중의 관
심을 끌어야 할 핵심 이미지마저 '원 오브 뎀one of them'이 되어 버
리는 불상사가 일어난다.

그렇다면 이미지는 어떻게 써야 할까. 어떻게 활용해야 이미지
효과를 극대화할 수 있을까. 방법은 의외로 간단하다. 이미지는

**최대한 아껴 써야 한다.** 예를 들어 다음과 같은 내용을 가지고 프레젠테이션을 한다고 가정해 보자.

"여러분들도 잘 아시다시피 우리 회사는 현재 서울과 대구 그리고 인천과 부산에 매장을 보유하고 있습니다. 그리고 각 매장들은 그 지역의 핫 플레이스로 자리 잡을 만큼 유니크한 감성과 인테리어로 지역 소비자들에게 사랑을 받고 있죠. 이번에 새로 오픈하는 춘천 매장은 기존의 매장들과는 또 다른 차원의 인테리어를 준비했습니다. 그럼 같이 보시겠습니다."

여기서 질문. 슬라이드와 이미지는 몇 장이 필요할까. 결론부터 말하면 한 장이다. 슬라이드도 한 장. 이미지도 한 장이다. 제일 중요한 포인트는 맨 마지막 줄에 있는 '또 다른 차원의 인테리어'다. 거기가 핵심이다. 그러니 그에 해당하는 슬라이드 한 장만 있으면 된다. 그 한 장의 슬라이드에는 당연히 춘천 매장의 인테리어 조감도나 사진을 보여 준다. 아주 크고 멋진, 그리고 해상도도 뛰어난 사진을. 앞의 내용들은 춘천 매장을 위한 들러리에 불과하다. 하지만 대부분의 사람들은 이렇게 슬라이드를 구성한다.

1번 슬라이드
서울, 대구, 인천, 부산 매장의 사진들을 보여 준다.

2번 슬라이드

매장에서 쇼핑을 즐기는 소비자들의 즐거운 모습을 보여 준다.


3번 슬라이드

춘천 매장의 사진을 보여 준다.


이렇게 들러리들까지 슬라이드를 만들어 버리면 정작 춘천 매장의 이미지는 감흥이 떨어지게 된다.

슬라이드 한 장, 이미지 한 장 전부 다 각자의 역할이 있는 것이다. 그리고 이러한 의미와 역할을 잘 구분하고 컨트롤하는 사람이 바로 실력 있는 프레젠테이션 디자이너인 것이다. 무료 이미지 사이트를 많이 알고 포토샵을 잘 다루는 것이 중요한 것이 아니라 이 이미지가 왜 여기에, 왜 지금, 왜 이렇게 보이는지가 중요한 것이다. 무조건 많이 보여 줘야 좋은 것이고 그걸 다 볼 것이라는 착각에서 벗어나자. 정보와 자료의 수위와 수량을 조절하는 것, 그게 바로 프로와 아마추어의 차이이기도 하다.


"그렇지만 감추어져 있으니까 더 보고 싶은 거잖아, 안 그래?"[1]

---

1)    「살색의 감독 무라니시 *The Naked Director*, 〈무수정본〉」 중에서 (출처 : Netflix)

# 09

# 슬라이드가 그 사람의 수준이다

단도직입적으로 말하겠다. 교양 없는 사람은 슬라이드도 엉망이다. 슬라이드의 수준을 보면 그 사람의 교양 수준을 알 수 있다는 뜻이다. 왜냐하면 슬라이드를 잘 만들기 위해서는 '청중에 대한 배려'가 전제되어야 하기 때문이다.

## 교양이 슬라이드를 만든다

터질 듯한 텍스트와 각종 도표들이 꽉 들어찬 슬라이드들이 여전히 넘쳐 난다. 그나마 요즘 대학생들은 교육의 영향으로 효율적인 슬라이드 퍼포먼스를 어렵지 않게 구사하지만 성인들의 슬라이드는 여전히 최악이다. 가장 큰 이유는 교육의 부재이겠으나 이는 단순히 알고 모르고의 문제가 아니라 교양의 문제라고 생각한다.

'이렇게 만들면 과연 청중들이 잘 볼 수 있을까?'

'잘 이해할 수 있을까?'

'혹시 어렵지는 않을까?'

위와 같은 생각을 단 한 번이라도 해 봤다면 그리고 최소한의 상식이라도 있다면 절대, 절대 그런 무지막지한 슬라이드를 감히 청중 앞에 띄우지는 못할 것이다.

교양이 '학문, 지식, 사회생활을 바탕으로 이루어지는 품위. 또는 문화에 대한 폭넓은 지식'이라고 정의되어질 때 이는 분명히 교양의 문제다. 극단적으로 말하면 기업의 임원이나 고위 공직자가 아무렇지도 않게 빽빽한 내용의 슬라이드를 띄워 놓고 발표를 한다면 그는 사전에서 정의한 대로 '최소한의 품위나 지식'이 없는, 한마디로 교양이 없는 사람이다. 그 사람이 그 자리까지 올라올 동안 어떻게 조직 생활을 해 왔는지, 어떻게 부하 직원들을 대해 왔고 사람들을 상대했는지 등이 그 슬라이드 한 장에 고스란히 드러나는 것이다.

혹시나 하는 마음에 슬라이드의 텍스트의 양을 조금이라도 줄이려고 하면 '발표하기 힘드니까 다 넣어라'라는 불호령이 떨어진다는 증언을 공무원들과 직장인들에게 너무 많이 듣는다. 끔찍한 슬라이드를 쳐다보는 청중은 괜찮고 본인 발표 힘든 건 안 된다는 것인가.

물론 고작 슬라이드 하나 가지고 교양 운운하는 것이 너무 심한 것 아니냐 할 수 있지만 이렇게까지 강하게 하지 않으면 도저히 바뀔 기미가 보이지 않기 때문이다. 앞서 언급했지만 임원들은 이러한 실무적인 내용들을 아예 배우려 하지 않는다.


## 배워야 한다. 교양이므로


스피치 교육 프로그램 중에 임원들을 위한 말하기나 연설에 초점을 맞춘 커리큘럼들이 많다. 심지어 건배사까지도 따로 배우기도 하는데 – 도대체 이런 건 왜 배우는지 모르겠다 – 그만큼 스피치 교육에 대한 수요가 많다는 뜻이리라. 하지만 이쯤에서 진지하게 묻고 싶다. 왜 슬라이드는 배우지 않는가. 아무리 멋진 말과 세련된 제스처, 그리고 기가 막힌 내용을 가지고 발표를 한다고 해도 발표자의 뒤를 받쳐 주는 슬라이드가 형편없다면 어떨까. 더구나 그 당사자가 조직을 대표하는 사람이라면 말이다.

이제는 임원들도 배워야 한다. 파워포인트를 배우라는 게 아니라 최소한 자신이 발표할 내용을 구성하는 슬라이드의 원고를 작성하고 연출하는 최소한의 능력을 배양시켜야 한다는 뜻이다. 임원들을 위한 교육 프로그램을 운영하고 있는 회사라면 반드시 슬라이드 퍼포먼스에 대한 교육도 병행해야 한다. 특히 회사의 대표이사를 새로 뽑는 면접 프레젠테이션이라면 꾸미는 건 외부의 도움을 받더라도 최소한 슬라이드 구성과 연출 그리고 스피치까지 모두 평가할 수 있는 경연의 장이 마련되어야 한다. 슬라이드 한 장에는 발표자의 성격, 인성, 가치관, 철학 그리고 앞으로의 비전까지 모두 담기기 때문이다.

그런 의미에서 당시 화제가 되었던 현대카드 정태영 부회장의 '파워포인트 보고 금지령[1]'은 너무 극단적인 조치가 아니었나 싶다. 언론 보도와 정 부회장 본인이 직접 소셜 미디어에 올린 이유를 보면 과도한 파워포인트 사용으로 인한 '슬라이드 종속화'를 걱정했던 것 같은데 그렇다면 아예 금지시킬 것이 아니라 직원들이 슬라이드의 종이 아닌 주인이 될 수 있도록 교육을 시키면 되지 않았을까. 그간의 현대카드의 행보를 볼 때 직원들을 위한 대단히 멋지고 기발한, 그리고 효과적인 프레젠테이션 교육을 만들 수 있지 않았을까. 아니면 모든 보고는 애니메이션 효과 없이 무조건 슬라이드 다섯 장 이내로 끝내라고 했다면 그야말로 임팩트 있고 효과적인 슬라이드 퍼포먼스를 직원들이 자연스럽게 체득할 수 있었을 것이다.

아울러 대학에서도 단발성 특강으로 그칠 게 아니라 교양 과목 수준에서 슬라이드 퍼포먼스, 나아가 프레젠테이션을 가르쳐야 한다. 대학을 나온 지성인이라면 최소한 자신이 발표하려는

---

[1] '정태영 현대카드 부회장 또 PPT 금지령', 머니투데이, 2016.3.12

내용을 정리하고 보여 줄 수 있어야 하지 않겠는가.


## 슬라이드는 원래 발표자가 만드는 것이다


너무나 당연한 말이다. 하지만 세상사가 그렇듯 당연한 일을 당연하게 하지 않으면 일이 복잡해진다. 예를 들어 본부장님이 발표를 한다고 하자. 당연히 부하 직원들이 만들 것이다. 본부장님이 어떤 생각을 가지고 있는지, 어떤 말을 하고 싶은지, 어떤 스타일인지, 발표를 잘 하는지 못하는지, 무대 체질인지 아닌지도 모른 채 일단 만든다. 그러다 발표 날짜가 다가오면 본부장님은 자신이 발표할 슬라이드가 궁금해지기 시작한다. 아니, 초조해지기 시작한다. 그리고는 보챈다.

"어디까지 됐지? 된 데까지 한번 가져와 봐."

"언제 초안을 볼 수 있나? 아직 멀었어?"

드디어 완성한 슬라이드를 보여 주면 반응은 대략 이렇다.

"이게, 아니지….."

"아니야, 이걸 이렇게 하면 어떡하나?"

뭐 이런 식이다. 본인이 할 일을 남에게 미룬 원죄原罪는 무시한 채 밑의 사람만 타박하는 꼴이다.

## 스티브 잡스 흉내 내기

이 모든 게 발표를 할 당사자가 직접 슬라이드를 만들지 않기 때문에 벌어지는 일이다. 앞서 말했지만 임원이 직접 파워포인트를 만지작거리라는 뜻이 아니다. 직접 마우스를 잡아야만 슬라이드를 만드는 게 아니다. 최소한 원고 정도는 아니, 스토리 정도는 본인이 직접 써야 한다는 뜻이다.

우리나라 기업의 대표들이 예전보다는 발표를 많이 한다지만 과연 그중에 본인이 직접 슬라이드를 만드는 발표자는 얼마나 될까. 단 한 장이라도, 하다못해 메모지에 대충 그려서라도 이러이러한 슬라이드를 만들어 달라, 아니면 '내가 여기서는 이런 말을 할 건데 이렇게 표현이 되었으면 좋겠다'라고 먼저 요구하는 임원은 과연 얼마나 될까. 거의 없다고 봐도 좋다. 아예 그러한 개념 자체가 없기 때문이다.

많은 기업인과 정치인들이 혁신을 한다며 직접 프레젠테이션을 하고 일부는 노골적으로 스티브 잡스를 흉내 내지만 말 그대로 흉내에만 그치는 이유 중 하나는 바로 슬라이드를 직접 만들지 않기 때문이다. 슬라이드를 직접 만들지 않았다는 말은 발표 내용을 직접 구성하지 않았다는 뜻이고 슬라이드를 만들거나 원고를 쓰면서 자기도 모르게 메시지가 정리되고 확신이 생기는 신비한 경험을 하지 못했다는 뜻이다. 그런 상태에서 남이 만들고 써 준 원고만 읽어 대니 청중에게 아무런 감흥도 주지 못하는 게 어찌 보면 당연하다.

스티브 잡스처럼 슬라이드에 사용할 상어 이미지를 수 백 장씩이나 직접 고를 필요는 없지만 최소한 '여기에 이러이러한 상어 이미지가 들어가면 좋겠다'라는 생각 정도는 직접 해야 하지 않을까.[2]

나이 마흔이면 자신의 얼굴에 책임을 져야 한다고 했던가. 임원이라면, 한 조직의 수장이라면 자신의 슬라이드에 책임을 져야 한다. 아울러 조직의 리더라면 자신의 생각이나 구상을 쉽게 표현하는 능력은 이제 필수인 시대가 오지 않을까. 4차 산업 혁명 시대 아닌가. 관리와 정리는 이제 AI가 더 잘하는 시대다. 하지만 사람 머릿속의 생각까지는 AI가 그려 줄 수 없다(그럴 날이 언젠가는 오겠지만). 그것마저 부하 직원에게 시킨다면 과연 임원으로서 자격이 있다고 할 수 있을까.

---

[2] 대니 보일(Danny Boyle)이 감독하고, 마이클 패스밴더(Michael Fassbender)가 주연한 영화 「스티브 잡스Steve Jobs」를 보면 프레젠테이션에 슬라이드에 사용할 상어 이미지를 직원이 몇 백 장이나 보여 줬음에도 더 좋은 이미지를 찾아내라고 스티브 잡스가 닦달하는 장면이 나온다.

## — 10 —

# 좋은 슬라이드 디자인과
# 좋은 디자이너

사람이든 제품이든 '정말 좋은 것'을 만나기가 쉽지 않은 세상이다.
아마추어가 몇 번의 방송과 유튜브 조회수만으로 금방 프로로 둔갑
한다. 그 어느 때보다 좋은 안목이 필요한 시기다.

### 좋은 것은 움직이게 한다

좋은 디자인이란 무엇일까. 멋진 디자인 말고 좋은 디자인 말
이다. 글로벌 디자인 기업 넨도Nendo의 대표 디자이너 사토 오오
키佐藤オオキ는 이렇게 말했다.

"고객에게 구매욕을 자극하는 것이 디자이너가 할 일입니다.
그걸 성공하지 못하면 아무 의미가 없어요. 아티스트와 디자
이너는 다르니까요."

_『넨도 디자인 이야기ウラからのぞけばオモテが見える』,

좋은 디자인에 대한 정확한 정의다. 기능을 하지 못하는 디자인, 목적을 상실한 디자인은 디자인이 아니라 아티스트 병에 걸린 삼류 디자이너의 쇼에 지나지 않는다.

슬라이드 디자인도 마찬가지다. 제 아무리 화려하고 세련되었을지라도 청중의 시선을 받지 못하면 아무 소용없는 것이다. 좋은 슬라이드 디자인이 갖춰야 할 세 가지 요소를 소개한다.

첫째, 아스팔트 도로 - 최소한으로 만든다.

검은색, 흰색, 노란색. 아스팔트에는 오직 이 세 가지 색깔만 존재한다. 수많은 차량과 교통 상황이 오직 이 세 가지 색깔에 의해 일사불란하게 정리된다. 그런데 이 조합이 심심하고 지겹다고 해서 녹색이나 빨간색 혹은 보라색 같은 다른 색을 섞어 버린다면 어떻게 될까. 차선에 장식을 한다며 그러데이션 효과를 넣으면 어떻게 될까. 잘 보이던 차선이 점점 사라지는 것이다. 아마 사이렌 소리가 끊이지 않을 것이다.

과도한 장식은 청중에게 혼란만 가져올 뿐이다. 왜 그렇게 많은 색깔이 필요하고, 왜 그렇게 많은 이미지가 필요한가. 가만히 있어도 복잡한 그래프와 표에는 왜 그리 휘황찬란한 색깔을 채워 넣지 못해서 안달인가. 핵심만 깔끔하게 정리해서 보여 준다면 꾸미지 않고 채우지 않아도 청중의 시선은 기꺼이 당신의 슬라이드를 향할 것이다. 그 상태에서 뭔가 강조를 하고 싶다면 딱 한 가지 색깔만 더 첨가해도 청중의 시선을 확실히 붙잡을 수 있다. 파란색 하나만으로 버스전용차로를 확실히 구분 짓는 것처럼 말이다.

둘째, 화장실 마크 - 누구나 쉽게 이해하게 만든다.

해외에 나가면 가장 다급하게 찾는 장소가 바로 공중화장실이다. 혹시 화장실 앞에서 여기가 화장실인지 아닌지 망설인 적이 있는가. 아니면 남자 화장실인지 여자 화장실인지 헷갈린 적이 있는가. 없을 것이다. 전 세계 어디나 화장실 마크는 똑같다. 그러니 한국 사람이 외국을 가고 외국 사람이 한국에 와도 자기 성별에 맞는 화장실을 곧바로 찾아갈 수 있다. 화장실 마크는 그래야 한다.

좋은 슬라이드 디자인은 이처럼 누가 봐도 쉽게 이해할 수 있어야 한다. 한마디로 쉬워야 한다는 뜻이다. 제일 나쁜 디자인은 미간을 잔뜩 찌푸리고 집중해야만 이해할 수 있는 슬라이드다. 특히 화려한 장식만 난무하는 디자인은 그중에서도 최악이다. 슬라이드의 목적이 청중의 빠른 이해와 집중을 도와주기 위함임을 잊지 말아야 한다.

셋째, 옥외 광고판 - 한눈에 들어오게 만든다.

고속도로나 전용 도로를 달리다 보면 만나게 되는 옥외 광고판billboard. 옥외 광고 디자인은 단순함과 절제의 결정판이다. 많은 글씨를 넣을 수도 없거니와 복잡하거나 화려한 이미지도 안 된다. 이유는 간단하다. 시속 100km를 넘나드는 자동차 속 운전자와 동승자의 시선을 순식간에 낚아채야 하기 때문이다.

슬라이드를 뚫어져라 쳐다보는 청중을 만나기는 쉽지 않다. 반드시 좋은 대학에 가야 한다는 강박에 사로잡힌 학부모와 수험생들이 구름처럼 몰려드는 대학 입시 설명회장이 아니라면 대부분의 청중들에게 슬라이드는 봐도 그만 안 봐도 그만이다. 프레젠테이션이 시작되면 처음에는 집중을 하는가 싶다 가도 복잡하거나, 흥미가 없거나, 이미 가지고 있는 인쇄 자료와 별 차이가 없으면 청중은 슬라이드를 차갑게 외면해 버린다. 그러다 발표자가 뭔가 좀 강하게 얘기한다 싶으면 힐끗 쳐다보긴 하는데 바로 그 힐끗 쳐다보는 찰나에 슬라이드의 모든 정보가 한눈에 들어와야 한다. 슬라이드에 최소한의 정보만을 담아야 하는 이유다.

## 그렇다면 화려한 디자인 스킬은 필요 없는 것일까

위의 세 가지 조건을 요약하자면 한마디로 심플하고 쉽게 만들자는 것이다. 때문에 같은 내용이라도 얼마나 쉽게 표현할 수 있느냐가 프레젠테이션 디자이너와 그래픽 디자이너를 구분 짓는 기준이 된다. 그렇다고 화려한 디자인적 스킬이 무용지물이란 뜻은 아니다. 다만 이것만은 확실히 말할 수 있다.

"디자인적 스킬은 있으면 좋지만 없어도 아무런 문제가 되지 않는다."

정말이다. 디자인을 전공하지 않아도 될 수 있는 게 바로 프레젠테이션 디자이너이다. 나 역시 디자인을 전문적으로 배운 적이 없다. 물론 어느 정도 타고난 감각과 독학이 뒷받침되었지만 결국 프레젠테이션 디자인은 얼마나 꾸미느냐가 아니라 얼마나 핵심과 결론을 쉽게 표현하느냐의 싸움이라는 것을 알게 된 뒤로 디자인적 스킬을 올리기 위한 모든 노력을 그만두었다.

지금도 기획부터 제작까지 전부 맡아서 하는 프로젝트의 경우 그 어느 클라이언트도 내가 만든 슬라이드 디자인에 이러쿵저러쿵 토를 단 적이 없다. 디자인을 제대로 했기 때문이다. 사실 꾸미려고만 하면 끝도 없다. 심지어 정답도 없다. 사람마다 취향이 다르기 때문이다. 부장님은 좋은데 상무님이 싫어할 수도 있고, 상무님은 좋은데 사장님이 싫어할 수도 있다. 하지만 제대로 표현이 되었는지 아닌지는 누구나 알 수 있다. 논란의 여지가 없는 것이다.


## 포토샵을 위한 슬라이드는 없다


노트북에서 실수로 포토샵을 지운 적이 있다. 그날 이후로 포토샵을 쓰지 않는다. 원래부터 잘 쓰지 않았지만 '프레젠테이션 슬라이드는 파워포인트만으로 충분하다'라는 평소 생각을 실행에 옮길 좋은 기회라고 생각했다. 그리고 그 생각은 맞았다. 그날 이후로 개인적으로 만드는 강의안뿐만 아니라 기업의 사활이 걸린 경쟁 프레젠테이션 슬라이드까지 100% 파워포인트로 만든다. 가능한 이유는 다음과 같다.


첫째, 파워포인트가 너무 좋아졌다.

거의 포토샵에 준하는 수준까지 파워포인트의 기능이 올라왔다고 생각한다. 그리고 앞으로 계속 더 발전할 것이다. 게다가 클릭 한 번 해 보지 않은 기능이 아직도 수두룩하다.


둘째, 수준 높은 이미지를 쉽게 구할 수 있다.

슬라이드 구성 요소 중 시각적 효과가 가장 뛰어난 콘텐츠는 뭐니 뭐니 해도 이미지다. 좋은 이미지 한 장은 텍스트나 도표 그리고 그래프 등 여러 잡다한 콘텐츠를 한 번에 정리해 준다. 이미지 한 장으로 슬라이드가 굉장히 깔끔해지는 것이다. 인터넷에 '무료 이미지'로 검색해 보면 양질의 이미지를 구할 수 있는 곳이 차고 넘친다. 물론 이 모든 것은 앞서 말한 대로 이미지를 남발하지 않고 적재적소에 사용했다는 가정 하에 그렇다.

셋째, 정보가 아니라 핵심을 담기 때문이다.

졸저 『프레젠테이션의 신』에서 "청중이 원하는 건 핵심core이지 정보info가 아니다."라고 했다. 슬라이드에 정보를 담으려 하지 말고 핵심을 담자. 그러면 얼마든지 심플하고 깔끔한 슬라이드를 만들 수 있다. 슬라이드가 심플하다는 건 쓸데없는 디자인적 스킬이 필요 없다는 뜻이다. 즉 포토샵 없이도 얼마든지 가능하다.

## 파워 블로거의 파워포인트에는 파워가 없다

인터넷의 맹점 중 하나가 바로 무차별적인 정보다. 너무 많은 정보들이 검증도 없이 쏟아져 나온다. 정보는 인터넷의 가장 큰 장점이기도 하지만 약점이기도 한데 초보자들이 이 약점에 굉장히 취약하다. 여기서 초보자들이란 이제 막 뭔가를 배우려는 사람이나 학생을 말한다.

프레젠테이션과 파워포인트 분야에도 소위 파워 블로거 혹은 인플루언서influencer라 불리는 사람들이 있다. 이들이 인터넷에 쏟아 내는 각종 기능과 스킬들은 대부분 실전 비즈니스 필드에서 거의 쓸 일이 없다. 물론 도움이 되는 실용적인 고급 정보들도 있지만 – 그렇다고 그들의 노고를 무시할 생각은 없다 – 대부분은 "이런 거 할 줄 알아요? 어때요, 신기하죠?"와 같은 보여 주기식 정보도 굉장히 많다.

문제는 그러한 것들이 이제 막 파워포인트를 배우거나 프레젠테이션을 접한 이들에게 잘못된 고정 관념을 심어 줄 수 있다는 것이다.

예를 들면 어떤 파워포인트 파워 블로거가 올린 포스팅 중에 '예쁘고 심플한 파워포인트 표지와 목차'라는 글이 있다. 이는 실전 비즈니스 프레젠테이션에서는 필요도 없고 청중의 집중에 방해만 되는 목차를 그냥도 아니고 예쁘게 꾸며서까지 반드시 넣어야 하는 요소로 잘못 인식하게 할 수 있는 것이다.

즉 '어떻게 만들어야 청중이 이해하기 쉬울까'가 아닌 '어떻게 꾸며야 보기 좋을까'로 포커스가 맞춰질 공산이 크고 그렇게 되면 소위 말하는 예쁘기만 하고 알맹이는 없는 파워포인트 재롱잔치가 되고 만다.

그렇다면 좋은 디자인이란, 특히 프레젠테이션 슬라이드에서 좋은 디자인이라 어떠해야 할까. 나는 이렇게 정의한다.

'청중에게 핵심을 정확하고, 쉽고, 빠르게 전달할 것.'

그 외에 장식이나 스킬들은 부차적이다. 아니 그러한 것들이 오히려 청중의 이해와 집중에 방해가 된다면 다시 한 번 말하지만 그냥 쓰레기다. 아무리 좋은 물건도 나에게 필요 없으면 쓰레기이듯 아무리 화려한 치장이나 효과도 청중에게 도움이 되지 않으면 그냥 쓰레기다. 자신이 만든 슬라이드에 혹시 쓰레기는 없는지 돌아볼 일이다.


## 좋은 디자이너를 만나는 것도 복이다


나도 중요한 프로젝트의 경우 슬라이드 디자인을 – 정확히는 장식을 – 외주로 맡긴다. 이때 어떤 디자이너를 만나는지가 매우 중요한데 아무리 좋은 기획과 전략을 가지고 있다 하더라도 디자이너가 이를 소화해 내지 못하면 아니, 소화해 낼 수 있는 그릇이나 자세가 되어 있지 않으면 소용이 없다.

디자이너는 정확히 두 부류다. 디자인을 단순 밥벌이(아마추어)로 생각하는 사람과 디자인을 일생의 과업(프로)으로 생각하고 일가一家를 이루고자 하는 사람. 당연히 후자를 만나야 한다. 허나 쉽지 않다. 희박하기 때문이다.

혹시 '스토니 스컹크Stony Skunk'라는 힙합 듀오를 기억하시는지. 지금은 멤버 중 한 명인 스컬Skull만이 간간이 활동하는 걸로 알고 있다. 스토니 스컹크가 데뷔 앨범을 준비할 당시 나는 해당 음반사 기획팀 소속이었는데 앨범 재킷 디자인을 담당했던 프리랜서 디자이너를 아직도 잊지 못한다.

첫 미팅부터 범상치 않았다. 폭우가 쏟아지던 날, 그날의 코디와 어울리는 우산이 없다는 이유로 비를 쫄딱 맞고 나타났다. 특히 시안을 발표하는 자리에서 이 앨범이 실제 매장에 진열되었을 때 어떤 느낌인지를 보기 위해 음반 매장에 재킷 샘플을 세워놓고 한참을 바라보고 왔다는 말을 듣고 '이 사람은 진짜다.'라는 생각을 했다. 속지에 들어갈 사진을 촬영하는 포토그래퍼가 자신의 콘셉트를 이해하지 못한다며 불같이 화를 낼 때는 숙연함마저 느껴졌다. 디자인을 단순히 밥벌이로 생각한다면 절대 할 수 없는 일이다. 물론 그 뒤로 그 정도의 프로페셔널을 만난 적은 없다.

클라이언트가 힘들어하는 부분을 같이 고민하고, 무엇보다 클라이언트의 본질이 정확히 청중에게 전달될 수 있도록 최선을 다하는 것. 특히나 단순히 보기 좋은 수준이 아니라 계약을 하느냐 마느냐, 물건을 파느냐 마느냐, 프로젝트가 성공을 하느냐 마느냐 하는 터프한 상황 속에 놓여 있는 프레젠테이션 디자이너라면 이러한 자질과 자세는 당연히 갖추어야 한다. 하지만 다시

한 번 말하지만 그러한 디자이너를 만나기가 쉽지 않다.

## 그럼에도 불구하고 좋은 디자이너

그럼에도 불구하고 쇼는 계속되어야 하고 우리의 인생도 프레젠테이션도 계속되어야 한다. 좋은 디자이너를 만날 수 있는 그리고 나쁜 디자이너를 피할 수 있는 가이드라인을 제시한다.

첫째, 실적과 경력은 거짓말하지 않는다.

얼마나 많은 작업을 했는지는 그 디자이너를 판단하는 가장 중요한 잣대이다. 일을 많이 했다는 뜻은 오랜 시간 고객의 부름을 받았다는 뜻이고 살아남았다는 뜻이다. 이보다 더 객관적인 지표는 없다.

둘째, 포트폴리오에 속지 말자.

프리랜서가 아닌 디자인 업체에 의뢰할 경우 그들이 내세우는 포트폴리오들은 화려하기 그지없을 것이다. 문제는 그 작업을 한 당사자가, 즉 디자이너가 아직도 그 회사에 소속되어 있느냐 하는 것이다. 마음에 드는 포트폴리오가 있다면 이 작업을 한 디자이너가 아직 재직 중인지, 퇴사했다면 그러한 퀄리티가 보장

되는지 반드시 확인해야 한다.

셋째, 기운을 보자.

사람마다 기운이라는 것이 있다. 기운이 없고, 우울한 분위기를 내뿜는 디자이너는 대부분 성격에 모난 부분이 있을 가능성이 크다. 끊임없이 커뮤니케이션과 수정 작업이 동반되어야 하는 프레젠테이션 디자인의 특성상 밝고, 적극적인 캐릭터가 일하기 편하고 결과도 좋은 건 너무나 당연한 일이다. 그리고 무엇보다 책임감과도 비례하기 때문에 반드시 사람의 분위기와 기운을 봐야 한다.

청중에게 보이는 슬라이드는 단순히 보기 좋고, 예쁘고, 화려하기만 해서는 안 된다. 반드시 청중에게 메시지를 던져야 하고 각인시켜야 하며 기억시켜야 한다. 그리고 최종적으로는 행동하게 만들어야 한다, 물론 여기서 말하는 행동이란 계약이나 구매를 말한다.

좋은 디자인을 볼 줄 아는 안목만큼이나 좋은 디자이너를 만나는 것도 능력이고 복이다. 다들 복 받으시길.

# 프레젠테이션 디자이너가
# 되고자 하는 이에게

이 세상에 디자이너는 많지만 좋은 디자이너는 많지 않습니다. 프레젠테이션 디자이너도 마찬가지. 그래서 실력 있는 프레젠테이션 디자이너를 만나기가 정말 어렵습니다.

프레젠테이션 디자인이라는 분야는 블루 오션을 넘어 딥 블루 씨(deep blue sea)에 가깝다고 볼 수 있습니다. 기본적인 실력에 프로의 마인드만 갖춘다면 프레젠테이션 필드를 평정하는 건 시간문제입니다. 그만큼 아마추어들이 많다는 뜻입니다.

저는 그래픽이나 편집 그리고 웹 디자인처럼 평면 위에서 이루어지는 디자인의 최고봉은 프레젠테이션 디자인이라고 생각합니다. 한 분야에서 오랜 시간 갈고 닦은 디자인 실력이 슬라이드라는 순백의 공간과 마주했을 때의 폭발력은 저조차 가늠할 수 없을 정도입니다. 이에 프레젠테이션 디자이너를 목표로 하는 학생들과 전직轉職을 준비하는 디자이너들에게 한때 프레젠테이션 디자이너였으며 현직 프레젠테이션 마스터인 제가 꼭 하고 싶은 말이 있습니다.

**예술을 할 거면 혼자 해라**

자신을 아티스트라고 착각하는 디자이너들이 있습니다. 특히 프리랜서들 중에 이런 말도 안 되는 착각을 하는 경우가 많은데 기본적인 비즈니스 마인드와 매너가 없다는 뜻입니다. 시간 약속 안 지키는 것을 당연시하고 – 심지어 사과도 안 합니다 – 새벽에 깨어 있기 때문이라는 말도 안 되는 이유로 오전에는 통화 한 번 하기 힘듭니다. 이 세상에 한가한 클라이언트는 없습니다. 그들은 적게는 수억에서 많게는 수조 원이 왔다 갔다 하는 살 떨리는 경쟁에서 살아남기 위해 몸부림치는 사람들입니다. 때문에 아티스트적인 라이프 스타일을 영위하고자 하는 사람은 절대 프레젠테이션 필드로 나오면 안 됩니다. 살인 충동을 불러일으킬 수도 있습니다.

클라이언트가 맘에 안 든다고 해도 끝까지 자신의 디자인을 우기는 디자이너도 있습니다. 거듭 말하건대 이건 예술이 아닙니다. 비즈니스입니다. 클라이언트가 싫다고, 아니라고 하면 아닌 것이죠. 물론 최소한의 설명은 해야 하지만 – 가끔 답답한 소리를 하는 클라이언트도 있으므로 – 결국 결정과 선택은 클라이언트가 하는 것입니다. 자신을 고용한 사람이 누구인지 잊지 말아야 합니다.

**속도도 실력이다**

언제까지 시안을 보자고 하거나 결과물이 나와야 한다고 하면 이렇게 대답하는 디자이너들이 있습니다.

"퀄리티가 나오려면 그때까지는 힘들어요. 시간을 더 주셔야 합니다."

다시 한 번 말하지만 여유로운 클라이언트는 없습니다. 특히 경쟁 프레젠테이션을 앞두고 있다면 더 말할 것도 없겠죠. 가끔 "천천히 하셔도 됩니다." 하면서 아량을 베푸는 경우도 있지만 언제 시한폭탄을 들쳐 업은 사람으로 돌변할지 모릅니다.

**실력은 기본입니다.** 다시 한 번 말하겠습니다. 실력은, 기본입니다. 퀄리티는 당연히 좋아야 하는 것이고 거기에 더해 클라이언트가 원하는 날짜에 결과물을 내놓을 수 있는 속도를 장착하는 것이 바로 프레젠테이션 디자이너의 첫 번째 덕목입니다. 그러니 프레젠테이션 디자이너가 되고자 한다면 작업 속도를 높이기 위한 노력을 게을리하면 안 되는 것입니다.

## 많이 읽자

최대한 많이 읽으세요. 특히 신문과 책은 필수입니다. 클라이언트가 하는 말을 제대로 이해하고 거기에 더해 뭔가 새로운 아이디어나 의견을 제시하려면 평소에 많이 알고 있어야 합니다. 예를 들어 백화점과 관련된 클라이언트와 일한다면 최소한 최근 백화점과 유통업계의 이슈는 무엇인지 정도는 알고 있어야 한다는 뜻입니다.

몇 년 전 한국전력 관련 프로젝트를 준비할 때의 일입니다. 당시 한국전력의 대표였던 조환익 사장이 쓴 책이 있었습니다. 『조환익의 전력투구』라는 책입니다. 한전 수장의 생각을 알아야 겠다는 생각에 사서 읽었습니다. 결론부터 말하면 정말 좋은 책입니다. 특히 산업, 에너지, 환경 등과 같은 분야의 종사자나 공직자 그리고 관련 전공을 하는 학생들에게 꼭 추천하고 싶습니다. 그런데 재미가 없습니다. 공기업 사장이 쓴 책인데 재미있으면 얼마나 재미있겠습니까. 그럼에도 꾹 참고 독파한 이유는 '관련 프로젝트에 참여하는 사람으로서 이 정도의 노력은 최소한'이라고 생각했기 때문입니다. 물론 책에서 기막힌 아이디어나 소스를 얻은 건 아닙니다. 하지만 프로젝트를 진행하는 과정에서 업무의 내용이나 흐름을 더 쉽게 이해할 수 있었고 책에서 얻은 영감이나 지식이 저도 모르는 사이에 분명 도움을 줬을 겁니다. 항상 그래 왔으니까요. 그래서 많이 읽으라고 하는 것입니다.

만약 '그런 건 기획자나 컨설턴트가 할 일이고 나는 디자인만 잘하면 된다'라고 생각한다면 당장 그만두세요. 프레젠테이션 디자이너는 파워포인트만 잘한다고, 포토샵만 잘 만진다고 되는 것이 아닙니다. 만약 그런 안일한 자세로 일한다면 조만간 차고 넘치는 수많은 그래픽(편집) 디자이너들과의 경쟁에 직면하게 될 겁니다. 파워포인트는 너무나 쉬운 프로그램인지라 진입 장벽이 보도블록 턱만큼이나 낮기 때문입니다.

### 사진을 배우자

프레젠테이션 디자이너가 사진을 잘 찍으면 엄청난 무기를 갖는 것입니다.

일단 이미지를 찾아 헤매는 시간과 이미지 구입 비용이 현저히 줄어드니 여러모로 이득입니다. 클라이언트 입장에서도 따로 사진 작가를 섭외하지 않아도 되니 이보다 더 좋은 디자이너가 없는 것이죠. 물론 디자이너로서 타고난 감각이 있으니 기본은 하겠지만 이왕이면 제대로 배워서 세미프로의 수준까지 올려놓으면 분명 훌륭한 경쟁력이 될 것입니다. 영상까지 다룰 줄 안다면 그야말로 금상첨화입니다.

### 안 된다는 말은 안 된다

안 된다는 말, 못한다는 말을 너무 쉽게 합니다. 고작 안 된다는 말이나 들으려고 클라이언트들이 비싼 돈을 줘 가면서 디자이너에게 일을 맡기는 것이 아닙니다. 그 안 되는 걸 되게 하고 싶어서 맡기는 것입니다. 물론 정말 안 되는 경우도 있고 가끔 말도 안 되는 요구를 해 오는 대책 없는 클라이언트도 있지만 일 외적으로 무리한 요구를 하거나 사전에 계약서에 명시한 내용을 어기는 경우가 아니라면 안 된다는 말은 정말 아끼고 아꼈다가 해야 합니다.

클라이언트도 사람인지라 정말 안 되서 안 되는 것인지 아니면 그저 귀찮아서, 힘들어서, 하기 싫어서, 맘에 안 들어서 안 된다고 하는 것인지 정도는 금방 알 수 있습니다. 그러니 안 된다는 말은 아마추어의 언어라 생각하고 목구멍 깊숙이 넣어 두시기 바랍니다.

이상입니다. 읽는 내내 불쾌했을 겁니다. '이거 갑질 아닌가.' 하고 생각할 수도 있습니다. 충분히 공감합니다. 저 역시 아무것도 모르는 초보 시절에는 그러한 클라이언트들과 충돌한 적도 많았습니다. 하지만 세상은 상대성이라 갑질이 있으면 을질도 있는 법입니다. 갑질이 싫으면 일을 하지 마세요. 그리고 예술가의 길로 들어서면 됩니다. 당신의 무책임한 행동들은 예술가의 기행 정도로 이해될 테니 말입니다. 적어도 프레젠테이션, 특히 경쟁 프레젠테이션(입찰) 현장은 그렇게 호락호락한 판이 아닙니다. 유치한 표현이지만 여기는 '배틀 필드battle field'입니다. 적성에 안 맞는 사람은 아예 발을 들이지 않는 것이 좋습니다. 본인도 힘들지만 열심히 사는 다른 사람들에게도 민폐이니까요.

끝으로 실력으로나 인격적으로나 부족하기만 하던 초보 시절에 저를 만났던 모든 클라이언트들에게 지면을 빌어 진심으로 사과를 전합니다. 그때는 너무 어렸고, 너무 몰랐습니다. 사실 이 글은 저에 대한 반성문이기도 합니다. 여러분들 덕분에 지금은 이렇게 잘난 척하며 살고 있습니다만.

**✚ 사족**

현재 커뮤니케이션 디자인 관련 학과를 운영 중인 대학은 전국에 14개입니다.* 몇몇 학교의 커리큘럼을 보니 - 다들 어찌나 홈페이지를 복잡하게 만드셨는지 자세히 볼 수가 없었습니다 - 하위 과목에 프레젠테이션 디자인이 포함된 학교는 찾지 못했습니다. 그만큼 아직도 프레젠테이션 디자인에 대한 인식이 부족하다는 것이죠. 자신의 생각을 상대방에게 전달하기 위한 프레젠테이션 디자인이야말로 커뮤니케이션 디자인의 '꽃'이라 한다면 팔이 안으로 굽다 못해 접혔다고 할지 모르겠네요. 시대를 읽을 줄 아는 학교들의 과목 개설 소식을 기다립니다.

＊ (출처: 네이버 커리어넷 학과 정보)

## 제3장

# 프레젠테이션은 이렇게 하는 것이다:

### 마스터가 만든 슬라이드 & 마스터가 인정한 킬링 메시지

## ─ 01 ─

# 예상치 못한 이미지의 힘

당신은 재규어 랜드로버 Jaguar Land Rover 코리아의 임원이다. 천안 지역의 새로운 재규어 랜드로버 리테일러 retailer – 보통은 '딜러 dealer'라고 부르는 – 를 선정하는 경쟁 프레젠테이션 심사를 위해 회의실에 입장했다. 그런데 테이블 위에 호두과자가 놓여 있다. 그것도 아주 예쁜 그릇에 담긴 채. 호기심에 하나를 집어 먹어 보니 맛이 괜찮다. 긴장한 채 서 있는 발표자에게 웬 호두과자냐며 농을 던진 후 자리에 앉는다. 이제 프레젠테이션이 시작된다. 그런데 첫 슬라이드에 화면을 가득 메운 호두과자 사진이 나온다. 책상 위에 호두과자는 뭐고 저 사진은 또 뭔가. '도대체 재규어 랜드로버와 호두과자가 무슨 상관인가'라는 궁금증이 생기려는

찰나, 프레젠테이션이 시작된다.

1번 슬라이드

"잘 아시는 것처럼 천안은 호두과자로 유명합니다. 그리고 여러분 앞에 놓여 있는 호두과자는 그중에서도 명품으로 인정받고 있는 학화호도과자입니다. 맛을 보시면 아시겠지만 풍미가 아주 좋습니다. 현재 천안에는 무려 81개의 호두과자 전문 매장이 치열한 경쟁을 벌이고 있습니다."

2번 슬라이드

"천안의 수입차 시장도 마찬가지입니다. 보시는 것처럼 거의 모든 수입차 브랜드들이 치열한 격전을 벌이고 있습니다. 천안에 새로운 수입차 브랜드 매장을 연다는 것은 호두과자 매장을 새로 여는 것만큼이나 힘든 일입니다. 그 힘든 일을 잘 해내기 위해서는 그리고 무엇보다 빨리 해내기 위해서는 세 가지 조건이 필요합니다."

이제야 모든 궁금증이 풀렸다. 왜 호두과자를 세팅해 놨는지, 왜 첫 슬라이드부터 호두과자인지.

프레젠테이션의 주인공이었던 천일오토모빌은 자타 공인 대한민국 톱클래스 재규어 랜드로버 리테일러이다. 판매 실적과 역사가 증명하고 있다. 그리고 이는 재규어 랜드로버 코리아 측도 너무 잘 알고 있는 상황. 이미 독일 삼사三社 – 벤츠, 비엠더블유, 아우디 – 는 물론 대부분의 수입차 브랜드들이 들어와 있는 천안에 실력과 경험이 풍부한 리테일러가 들어와야 하는 건 너무나 당연한 일이다. 문제는 이를 얼마나 자연스럽게 그리고 고급스럽게 어필하느냐 하는 것인데 이를 위해 내가 생각해 낸 아이디어가 바로 호두과자였다.

단언하건대 자동차와 관련된 프레젠테이션 역사상 첫 화면에 음식이, 그것도 호두과자가 나온 건 이번이 처음이자 마지막이었을 것이며 수주 결과와 상관없이 그날의 호두과자는 국내 수입차 업계에서 두고두고 회자 되었을 것이다.

## 예상치 못한 그리고 예상을 빗나가는 즐거움

제주도 성산읍에 위치한 스타벅스 '제주성산 드라이브스루점' 2층 창가 자리에 앉아 성산 일출봉을 정면으로 바라보며 이 원고를 쓰고 있다. 한마디로 성산 일출봉의 정기를 받으며 집필을 하고 있는 것이다. 없던 필력도 되살아나는 느낌이다. 아침 7시에 카페라떼 한 잔과 함께 아무도 없는 스타벅스에서 성산 일출봉을 바라보며 글을 쓴다는 건 분명 평범한 일상은 아니다.

이처럼 일상과 예상을 벗어난 장소와 상황은 활력을 가져다준다. 더구나 그 상황이 딱딱하고 지루하기 그지없는 프레젠테이션 현장이라면 그 효과는 배가 된다.

과연 나는 뻔하고 지루한 프레젠테이션을 예상하고 있는 청중을 위해 어떤 이미지와 슬라이드를 준비하고 있는지 자문해 보시길.

✚ 사족 하나

결국 천일오토모빌은 천안 지역 재규어 랜드로버 리테일러로 선정되었을까. 궁금한 독자는 천안에 재규어 랜드로버 전시장이 오픈하면 정문 입구에 있는 리테일러 간판을 확인해 보시길. 학화호도과자도 꼭 맛보고 말이다.

**✦ 사족 둘**

이번 프레젠테이션 오프닝 연출의 관건은 호두과자의 보온 유지였다. 식어 버린 호두과자를 맛보게 한다면 프레젠테이션 자체가 식어 버릴 수 있기 때문이다. 다행이도 재규어 랜드로버 코리아 본사와 가까운 명동에 학화호도과자 서울 직영점이 있었고 덕분에 따뜻한 호두과자를 클라이언트들에게 제공할 수 있었다. 나는 이럴 때마다 우주의 기운을 강하게 느낀다.

> "무언가를 간절히 원할 때, 온 우주는 자네의 소망이 실현되도록 도와준다네. And, when you want something, all the universe conspires in helping you to achieve it."
>
> _『연금술사 *The Alchemist*』, 파울로 코엘료 저, 문학동네, 2011

# 표지는 인사다

표지는 계륵이다. 의미를 부여하기 시작하면 끝도 없지만 객관적으로 바라보면 그저 뒤이어 나오는 수십 장의 슬라이드를 덮고 있는 뚜껑에 불과하기 때문이다. 하지만 중요한 건 표지에 정성을 들이든 말든 청중은 신경도 쓰지 않는다는 사실이다. 물론 1차적인 원인은 표지를 정말 표지처럼 만들어 버리는 것에 있다. 아무리 장식이 화려하고 멋져도 슬라이드 중앙에 '2019 학년도 입학 설명회' 이렇게 큰 글씨를 박아 버리면 일개 표지에 지나지 않는다. 아무 의미도 역할도 못하는 덮개일 뿐이다.

2011년도에 제주 영어 교육 도시에 개교한 노스 런던 컬리지 에잇 스쿨 제주North London Collegiate School Jeju는 영국에 본교를 둔 명문

사립 학교다. 제주도라는 지리적 특성과 높은 학비 그리고 기숙사 생활과 영어로 진행되는 수업 등 모두가 국내에는 생소한 시스템이었기 때문에 학부모들은 단순한 정보 이상의 구체적인 팩트와 실사를 원하기 마련이다. 학교 측이 설명회에 공을 들이는 이유다.

학교 측으로부터 슬라이드 제작 의뢰를 받고 청중의 규모와 설명회 장소에 집중했다. 대규모 설명회가 아닌 사전에 초청장을 받은 학부모들을 대상으로 하는 소규모 설명회였고, 장소 역시 라운지 분위기의 아늑한 공간에서 진행되었다. 시장통을 방불케 하는 대규모 행사가 아니었다는 뜻이다. 실제 설명회 당일 학교 측에서는 정성스럽게 준비한 소개 자료와 함께 감각적인 핑거 푸드finger food가 세팅 되었고 그윽한 원두커피 향이 설명회장으로 들어서는 학부모들의 후각을 제일 먼저 맞이했다.[1] 그렇다면 그들을 기다리는 슬라이드의 표지는 어떠해야 할까.

어차피 초청장을 받고 온 학부모들이라면 학교에 대한 사전 조사는 이미 끝냈을 것이다. 설명회를 직접 들으러 올 정도면 어느 정도 마음속 결정은 내려졌다고 봐야 한다. 그렇다면 그들에게 '당신의 자녀가 저 푸른 제주도 바다를 바라보며 빛나는 청춘

---

[1] 만약 이번 설명회를 관통하는 킬링 메시지가 있었다면 음식 역시 거기에 맞춰졌을 것이다. 다시 한 번 말하지만 킬링 메시지는 모든 걸 결정해 준다. (표지 이미지 출처: https://unsplash.com)

을 보낼지 모른다'는 설렘만 주면 충분하지 않을까. 그래서 실제 제주도 바다는 아니지만 최대한 몽환적 느낌의 해변 사진을 선택했고 무심히 학교 로고만 띄워 마무리했다. 배경으로 깔린 잔잔한 재즈 피아노 연주곡과 함께 커피를 마시며 이런 생각을 하지 않았을까.

'그래, 어쩌면 우리 아이가 제주도에서 학교를 다닐지도 몰라.'

들리지는 않지만 표지는 청중과 이미 대화를 시작하고 있었다. 그리고 그렇게 설명회가 시작되었다.


## 디자인, 장식 그리고 디자이너


'표지에 몽환적 느낌의 해변 이미지만 띄우자. 그래서 학부모

원픽

들로 하여금 제주도에서의 학교생활을 생각하게 하자.'

이게 디자인이다. 그리고 그에 어울리는 해변 이미지를 찾는 것, 그 위에 학교 로고를 적당한 크기로 보기 좋게 배치하는 것. 이게 장식이다. 여기에 욕심을 더 낸다면 현장의 분위기와 학부모들의 심리까지 고려한 잔잔한 음악을 배경으로 깔아 주는 것. 이게 연출이다. 마지막으로 이러한 모든 과정을 혼자 해내는 사람, 그 사람이 바로 프레젠테이션 디자이너다.

그래서 제대로 된 프레젠테이션 디자이너를 만나기가 쉽지 않다고 한 것이다. 한 편의 프레젠테이션을 설계하고 결과물까지 만들어 내는 일이 생각만큼 쉽지 않기 때문이다. 물론 그런 만큼 경제적 보상도 클 것이다. 능력 있는 디자이너들은 꼭 도전해 보길 바란다.

— **03** —

# 드론의 시대

조감도鳥瞰圖, 영어로는 bird's-eye view라 표기한다. 한마디로 하늘의 새가 내려다보는 사진이라는 뜻이다. 보통 특정 지역의 입지나 위치를 설명하는 프레젠테이션에서 가장 많이 사용되는 표현 방법 중 하나다.

이젠 조감도의 영어식 표현은 drone's-eye-view로 바꿔도 무방하다. 비용적 문제와 현실적인 제약으로 실현 불가능했던 항공 촬영이 간단한 신고와 합리적인 비용으로 가능해졌기 때문이다. 4K 수준의 고화질로 다양한 각도와 높이에서 촬영된 영상을 보고 있노라면 바로 이곳이 최적의 입지라는 생각이 절로 든다. 적절한 배경 음악과 감각적인 편집까지 더해지면 그 효과는

배가 된다.

수입차 전시장을 운영하는 신규 리테일러를 선정할 때 중요한 평가 항목 중 하나가 바로 부지 선정이다. 입찰에 응한 사업자는 자신들이 확보한 부지를 제시해야 하는데 보통은 위성 사진과 지도, 그리고 주변 상권 분석 자료 등을 보여 주지만 평가자들이 그 지역에 대해 잘 알거나 직접 가 보지 않은 이상 부지에 대한 평가를 하기는 쉽지 않다. 그리고 한 회사당 보통 대안 부지를 3개까지 제시하는 데다 수입차 전시장이 들어올 만한 장소라는게 어느 정도 한정되어 있다 보니 부지를 설명하면서 큰 임팩트를 전달하기란 쉽지 않다.

이에 시도한 방법이 바로 드론 촬영이다. 같은 장소를 보더라도 사진으로만 보는 것과 실제 항공 영상으로 다각도로 보여 주는 것은 엄청난 차이가 있다. 그 영상 하나로 현실성, 준비성, 정성, 전문성 등 여러 가지를 어필할 수 있기 때문이다. 청중의 집중도와 관심이 높아지는 건 말할 것도 없다.

## 더 좋은 방법은 항상 있다

언제나 더 좋은 방법은 있다. 물론 사진으로 보여 줘도 되지만 한 번만 더 생각하면 더 나은 길은 있는 법이다. 길을 찾는 법은 간단하다.

"어떻게 보여 줘야 보기 쉬울까, 보기 편할까, 이해하기 쉬울까"

이게 전부다. 이 간단한 생각 하나가 갇혀 있는 당신의 생각을 탈출시키는 것이다. 몇 번이고 강조하지만 슬라이드는 청중을 위해 만드는 것이다. 그 어떤 경우라도 잊으면 안 된다. 물론 이 간단한 사실을 계속 잊어버리고 심지어 생각조차 안 하는 사람들도 많지만 그럼에도 불구하고 끊임없이 우리의 노력은 청중을 향해야 한다. 영화 「인터스텔라Interstellar」가 우리에게 보여 준 것처럼 언제나 더 좋은 길은 있으니까 말이다.

"We will find a way, we always have."

# 회사 소개의 정석

회사 소개 이야기를 해 보자. 결론부터 말하면 회사 소개는 하지 않는 것이 좋다. 청중은 당신 회사에 관심이 없기 때문이다. 좀 더 자세히 말하면 청중이 제일 궁금한 건 혹시라도 당신이 준비했을지 모를 기막힌 '무언가'이지 회사 정보가 아니라는 뜻이다. 간혹 회사의 화려한 실적으로 임팩트를 주고 싶어 하는 이들이 있는데 그러한 임팩트는 내 입으로 먼저 말하는 것이 아니라 당신의 발표를 듣고 놀란 나머지 "저것들 뭐야." 하면서 청중이 알아서 찾아보게 만들어야 한다.

"역시, 뭔가 다르다 했더니 실적이 보통이 아니구나."

이런 말이 청중의 입에서 자연스럽게 튀어나와야 하는 것이다.

같은 임팩트라도 내가 먼저 말하면 반감되지만 상대방이 알아주면 배가double impact 되는 것이다. 물론 발표의 흐름상 – 여기서 흐름이란 회사 소개 자체가 프레젠테이션의 전체를 쥐고 흔들 만큼 엄청난 콘텐츠를 보유하고 있을 때를 말한다 – 회사 소개를 먼저 해야 하는 경우도 있고 결정권자가 먼저 회사의 정부를 요구할 수도 있다. 그럴 때는 어떻게 시작해야 할까.

## 애피타이저 없이 메인 요리부터 내놓지 마라

GMC는 국내 시장 점유율 72%를 차지하는 자동차 전문 교육 컨설팅 기업이다. 주요 국·내외 자동차 브랜드들이 자사의 차량을 관계자들에게 교육할 때 – brand, product, sales, CS 등 – 제일 먼저 찾는 기업이 바로 GMC다. 대한민국에서 네 바퀴로 굴러다니는 쇳덩이들은 GMC에 소속된 전문 강사들을 통해 진짜 '자동차'로 거듭난다고 해도 과언은 아니다.

이 정도 점유율과 실적이면 고민할 필요도 없다. 점유율을 보여 주는 파이 그래프pie chart 한 장과 실적 리스트만 나열하면 끝이다. 하지만 그렇게 보여 주면 중요한 게 빠지게 된다. 바로 '낭만'이다. 왜 걸핏하면 낭만 타령이냐 하겠지만 바로 그 '낭만'이 없었기 때문에 그동안 당신의 슬라이드가 꾸어다 놓은 보릿자루가

되다 못해 김빠진 맥콜[1]로 승천했던 것이다.

"우리는 이렇게 많이 했습니다."

"우리는 이렇게 대단합니다."

"우리가 최고입니다."

자, 어떤가. 너무 삭막하지 않은가, 너무 뻔하지 않은가, 일말의 감동이라도 밀려오는가 말이다.

이제 다시 슬라이드를 보자. '바퀴 네 개'는 자동차를 뜻한다.

---

1)    일화에서 1982년부터 생산한 보리 탄산음료

'잘 오셨다'라는 말은 우리만 한 전문가는 없다는 뜻이다. 그리고 'THERE'S NOTHING LIKE GMC'라는 슬로건으로 깔끔하게 마무리를 짓는다. "우리만큼 자동차 교육을 잘 하는 회사는 없다."라는 이 상투적이고 사무적인 멘트를 깜찍한 자동차 모형과 함께 청중에게 설명하는 것이다. 이렇게 말이다.

"국내에서 저희 GMC만큼 자동차를 잘 아는 회사는 없습니다. 세단이든 SUV든, 한국에서 태어났든 독일에서 태어났든, 휘발유를 먹든 전기를 먹든 상관없습니다. 바퀴 네 개를 달고 나온 이상, GMC 소속 강사들의 철저한 트레이닝을 피해 갈 수는 없습니다."

그럼 다음 장에는 어떤 내용이 나와야 할까. 이제는 마음 놓고 그래프와 실적을 나열해도 된다. 애피타이저로 침샘을 자극해 놨으니 마음껏 메인 디쉬 main dish를 청중 입에 넣어도 된다는 뜻이다. 책 전반에 걸쳐 누누이 강조하지만 훌륭한 실적과 경험이 뒤에 버티고 있기 때문에 저런 허세도 부릴 수 있는 것이다.

이게 바로 15년 차 프레젠테이션 마스터가 생각하는 회사 소개의 정석이다. 감이 잘 안 온다면 오늘 당장 가족들 데리고 코스 요리를 먹어 보는 게 어떨까.

## — 05 —

# 제안서 같지 않은 제안서

제안서, 특히 경쟁 입찰에 참전參戰하는 제안서는 태생적으로 복잡하고 난해할 수밖에 없다. 그렇기 때문에 평가(심사) 위원들이 고도의 집중력을 발휘하지 않는 한 제안서의 모든 내용을 인지하고 파악한다는 것은 쉬운 일이 아니다. 특히 공기관이나 국가에서 발주하는 경쟁 입찰의 경우 공정성과 투명성을 기한다는 이유로 심사일이 거의 임박해서 - 보통은 심사 전날 - 평가 위원을 위촉한다. 대부분 교수들이지만 과업의 내용과 전혀 상관없는 변호사나 회계사들이 위촉되기도 한다. 이처럼 대한민국에서 이루어지는 경쟁 입찰은 조금씩은 다르지만 '관심도 없던 사람이 어느 날 갑자기 어렵고 복잡한 내용을 평가한다'라는 틀에서 크게 벗어나지 않는다.

그렇다면 우리의 제안서는 어떠해야 할까. 앞서 '슬라이드 감옥을 탈출하라'에서 제안서를 제안서처럼 만들지 말라고 했다. 다시 한 번 강조하자면 제발 보기 쉽게, 보기 편하게 만들라는 뜻이다. 아무리 중요한 내용과 기막힌 기술력을 가지고 있어도 평가 위원들이 알아보지 못하거나 쳐다볼 엄두조차 나지 않는다면 다 부질없는 것이다.

하지만 대부분은 제안 요청서[1]에서 요구하는 내용만 채우기에 급급한 것이 현실이다. 그리고는 그냥 제출하기 미안했는지 디자인 업체에 의뢰를 맡겨 제안서에 분칠을 해 댄다. 물론 제안 요청서에 맞게 내용을 정리하고 채워 넣어야 함이 맞지만 그럼에도 불구하고, '어떻게 하면 평가자들이 우리 제안서에 눈길 한 번이라도 더 주고, 한 번이라도 더 들춰 보고, 한 번이라도 더 집중해서 보게 할까.'라는 치열한 고민을 해야 한다. 엄청난 차별성을 담보하지 않는 한 어차피 제안서라는 게 다 거기서 거기니까 말이다.

하지만 우리는 그러한 고민을 하지 않는다. 좋은 내용 많이 담

---

1)        RFP(Request For Proposal): 프로젝트 입찰에 응찰하는 제안서를 요청하는 제안 요청서를 말한다. RFP에서는 주로 프로젝트 전체의 대략적이고 전체적인 내용과 입찰 규정 및 낙찰자 선정기준 등이 명시되어 있다. RFP는 발주 기업이 구축 업체를 선정하기 위해 선별한 업체에게만 보낸다. (출처: 네이버 지식백과 _한경 경제용어사전)

았으니 알아서 챙겨 보라는 식이다. 성능 좋고 관리 잘 된 라이플 rifle[2]로 목표물을 정조준하는 것이 아니라 보지도 않고 대충 그 쪽으로 기관총을 난사하는 꼴이다. 제발 한 발이라도 맞길 바라면서.

## 평가 위원에게 숨 쉴 공간을 주고 싶었다

이번에 소개하는 제안서도 마찬가지다.

단독 주택에 사는 독자들은 매월 전기 검침檢針을 하러 오는 주부 사원을 한 번쯤 보았으리라. 한국전력(이하 한전)에서 발주하는 전기 검침 사업자를 선정하는 경쟁 입찰은 프레젠테이션 대신 제안서 평가로 이루어진다.[3] 필수 기재 항목과 분량까지 제안 요청서 대로 작성해야 하는, 그래서 항목별로 상대 평가가 이루어지는 전형적인 입찰 방식이다. 특히 과도하고 불필요한 이미지 사용에도 제한을 두었기 때문에 나 같은 '선수(기획자)'들이 기량을 펼치기에는 제약이 많은 상황이었다. 그래서 제안서 초반

---

2)    총신(銃身) 안에 나사 모양의 홈을 새긴 총. 탄알이 회전하면서 날기 때문에 명중률이 높고 사정거리가 늘어난다. (출처: 네이버 사전)

3)    지금은 검침 업무와 검침원들이 한전의 자회사인 한전MCS(주) 편입되어 경쟁 입찰은 없어졌다.

에 집중했다. 제안 요청서에는 본 제안서의 특장점 등을 평가 위원들이 한눈에 볼 수 있도록 첫 페이지에 '제안 개요'를 넣도록 되어 있었는데 그에 대한 내 생각은 이랬다.

첫째, 분명 타사들은 여기에 자신들의 자랑거리를 무차별로 쏟아부을 것이다.
둘째, 평가 위원들이 개요 페이지를 제대로 안 볼 것이다.

우선 첫 번째 이유는 사람 심리가 그렇다. 제안의 개요이니 말 그대로 키포인트만 정리해서 깔끔하게 담아야 하지만 보통은 평가 위원들에게 빨리 좋은 인상을 주고 싶은 조바심에 과도하게 오버라이팅overwriting을 하는 우를 범한다. 그래서 최대한 심플하게 작성하여 오히려 여백으로 차별화를 주고자 했다.

두 번째 이유는 평가 방식에 있다. 본 제안서는 총 10개 평가 항목에 각 항목별로 정해진 채점 기준에 맞춰 평가 위원들이 점수를 기재하게 되어 있었다. 그런데 한 명의 심사 위원이 적게는 5권에서 많게는 10권의 서로 다른 경쟁사들의 제안서를 펼쳐 놓고 심사를 해야 하는데 - 그것도 세상 재미없는 전기 검침 사업자 선정이라는 내용을 말이다 - 언제 그 많은 개요 페이지를 일일이 읽는다는 말인가. 바로 본론 페이지로 들어가 심사를 끝내고 쉬고 싶은 생각뿐일 것이다.

원픽

나는 제안 개요 페이지를 마주하는 평가 위원들에게 이렇게
말하고 싶었다.

"심사하시느라 고생 많으십니다. 저희 제안서는 복잡하지 않
을 겁니다. 어렵지도 않을 겁니다. 최대한 보기 쉽게 준비하였으
니 잘 부탁드립니다."

그래서 대부분의 평가 위원들이 중년 이상의 남자들이라는 점
을 고려해서 편안한 인상의 주부 모델을 섭외하여 사진 촬영을
했다(이 황당한 제안을 군말 없이 받아 준 클라이언트에게 다시 한 번 경의

3장 • 프레젠테이션은 이렇게 하는 것이다

를 표한다). 아무 생각 없이 제안서를 펼쳤는데 밝은 미소를 짓고 있는 여성이 나온다면, 그리고 그 여성이 본 제안서의 개요에 대해 심플하게 설명하고 있다면 그 누구라도 그 제안서에 관심이 더 가지 않을까.

## — 06 —

# 똥을 똥이라 부르지 못하고
## –하이생

변비로 고생해 본 적은 없지만 가끔 변이 제대로 나오지 않아 변기에 앉은 채로 '과연 똥이란 무엇이고, 인간은 왜 똥을 싸야만 하는 것인가'에 대한 진지한 물음을 던진 적이 있다.

나올 게 제때 나오지 않는다는 건 삶의 질에 엄청난 영향을 끼친다. 그런데 이러한 고통과 고뇌가 매일 아침 반복된다면 그것만큼 끔찍한 일도 없다.

똥을 똥이라 부르지 못하는 순간 모든 것이 꼬인다. 지금껏 많은 변비약 광고들이 효능을 설명하기 위해 과장된 그래픽과 효과를 동원했던 이유가 바로 그 때문이다.

## 체면과 크리에이티브는 공존하지 않는다

자칭 크리에이터들이라 불리는 이들의 고약한 버릇 중 하나가 소비자와 고객 앞에서 체면을 차리려 한다는 것이다. 그들을 고용한 광고주들도 마찬가지다. 왜 장사꾼들이 장사꾼답지 못하나. 장사꾼이 부끄럽다고 생각하는 것인가. 고객에게 물건을 팔고 서비스를 팔려면 체면 같은 건 버려야 한다. 체면을 차리려고 하니까 자꾸 이상한 카피가 나오는 것이다.

변비는 똥이 잘 안 나오는 것이다. 그리고 변비약은 똥을 잘 나오게 하는 것이다. '신진대사'니 '쾌변'이니 '활발한 장운동'이니 하는 말을 쓰고 싶으면 차라리 시인이 되라. 나는 지금껏 변비로 고생하는 가족이나 친구들 중에 "요새 신진대사가 원활하지

못해 힘들어."라든가 "하루만이라도 활발한 장운동을 해 봤으면 소원이 없겠어."라고 말하는 걸 들어 본 적이 없다. 그들은 전부, "똥이 안 나와."라고 말한다.

그런 그들에게 약을 팔려면, 광고를 하려면, 시선을 붙잡으려면 당연히 그들의 언어를 써야 한다. 그들의 언어는 똥이다. 그들은 정말로 매일 아침 '죽을 똥 살 똥' 똥을 싸는 사람들이다.


## 광고는 광고답게


하이생 광고가 어떤 분위기에서 만들어졌는지는 모르지만 이거 하나만은 확실히 예상할 수 있다. 그들은 이 광고가 누구에게 전달되어야 하는지 정확히 알고 있었다. 코어 타깃 core target 보다 더 정밀하게 타깃을 조준했다는 뜻이다. 바로 똥으로 고통 받고 있는 이들이다.

스스로를 작가라고 생각하는 카피라이터가 아니라면, 영화감독과 헷갈리고 있는 CF 감독이 아니라면, 철학자나 문화 예술인으로 칭송 받기 위해 크리에이티브 디렉터가 된 것이 아니라면, 칸 국제광고제 Cannes Lions Official Festival Representative 그랑프리 수상을 발판 삼아 개인의 영달榮達을 이루려는 것이 아니라면 광고는 장사꾼답게 만들어야 한다. 그리고 장사꾼은 고객 앞에서 체면을 차리지 않는다. 어렵게 말하지도 않는다.

똥은 그냥 똥이라고 말한다. 그게 커뮤니케이션이고 그게 광고
이며 그게 고객의 언어다. 물론 '무조건 쉬워야 한다'는 킬링 메
시지의 첫 번째 덕목이기도 하다.

## — 07 —

# 전지현보다는 콩고가 더 궁금해
# -노랑통닭

TV 화면에 흑인이 나온다. 놀라지 않는다. 글로벌 시대, 다문화 시대니까. 그런데 흑인이 한국말을 한다. 여기까지도 그럴 수 있다. 한국 사람보다 한국말을 더 잘하는 외국인은 많으니까. 그런데 말투가 살짝 이상하다. 사투리가 섞여 있다. 그것도 구수한 전라도 사투리다. 이제부터는 집중도가 달라진다. 전라도 사투리를 구사하는 흑인은 보기 쉽지 않으니 말이다. 곧이어 앞에 있는 치킨을 먹기 시작한다. 아주 맛있게 먹는다. 어찌나 자연스러운지 정말 맛있어 하는 것 같다. 그리고는 노랑통닭 매장을 콩고Republic of the Congo에 차릴 수 없냐며 꽤나 진지하게 묻는다.

"노랑통닭 진짜 맛있어요. 이거 콩고에 체인점 내도 되요? 콩

고 사람들… 아침에 노랑통닭, 점심 노랑통닭, 저녁 노랑통닭 됩니다. 진짜로."

## 콩고라는 생소함과 신선함

한마디로 노랑통닭은 왠지 치킨 문화와 어울릴 것 같지 않은 아프리카 사람이 – 그것도 콩고라는 아주 생소한 – 자기 나라에 체인점을 내고 싶을 정도로 맛있는 통닭인 것이다. 여기서 우리는 킬링 메시지와 스토리텔링의 모범 사례를 만날 수 있다. 바로 '콩고'다.

모델인 조나단 토나Johathan Thona는 자국에서의 부와 명예를 뒤로하고 소신과 양심을 지킨 대가로 신변의 위협을 받아 한국으로 망명한 광주대학교 (조)교수 욤비 토나Yiombi Patrick Thona의 아들이다.[1] 다큐멘터리와 예능 출연으로 대중들로부터 '콩고왕자'라는 친숙한 별명도 얻었다. 이런 엄청난 스토리를 가지고 있는 모델이 통닭과 만난 것이다.

한국인들에게 콩고는 미지의 나라이자 생소한 단어다. 축구라도 잘해서 월드컵에 자주 나왔다면 모를까 평소에 접하기 쉽지 않은 나라다.[2] 즉 콩고라는 단어는 그 생소함만으로 소비자의 귀를 파고드는 킬링 메시지가 되었고 '콩고 사람들에게도 먹힐 정도로 맛있는 치킨'이라는 스토리로 승화되었다.

다시 한 번 강조하지만 스토리텔링에서 중요한 건 텔링이 아니라 스토리다. 텔링은 누구나 할 수 있지만 – 그리고 해야 하는 것이지만 – 스토리는 찾아내고 만들어 내야 하는 것이다. 좋은 스토리 없이는 절대 좋은 텔링이 나올 수 없다.

## 전지현은 좋아하는 게 너무 많다

반면 영화배우 전지현을 모델로 쓴 BHC의 '마라칸 치킨' 광고를 보자.

---

1)    (출처: 위키백과)

2)    2019년 7월 25일 현재 한국은 FIFA랭킹 37위, 콩고는 91위다. (출처: www.fifa.com)

시작부터 전지현이 도발적인 – 일단 반말을 듣는 것 자체가 (몹시) 기분이 나쁘다 – 표정과 말투로 시청자에게 묻는다.

"너 살면서 말아먹어 본 적 있어? 따라와. 오늘 제대로 말아먹자."

'마리칸'과 '말아먹자'가 만난 말장난이다. 물론 당사자들은 장난칠 의도가 없었겠지만 나한테는 그렇게 들렸다. 특히 광고 말미에 나오는 "전지현 씨, 비에이치씨(BHC)"라는 로고 송을 듣고 있으면 '이 사람들 정말 말장난을 좋아하는구나.'라는 확신이 든다. 그리고 무엇보다 전지현은 왠지 다른 치킨도 맛있다고 할 것 같다. 전지현이라는 특급 모델 덕분에 마라칸 치킨의 존재는 알게 되었지만 먹어 보고 싶다는 생각은 들지 않았다는 뜻이다. 특급 모델의 장점이자 한계이기도 하다.

TV 광고만 보면 노랑통닭은 빨리 먹어 보고 싶은 치킨이지만 마라칸은 언젠가 기회 되면 먹어 볼 수 있는 치킨이다. 과연 다른 소비자들에게는 어땠을지. 매출은 답을 알고 있을 것이다.

원픽

## — 08 —

# 널 사랑하지 않아
# -어반 자카파

"무슨 말을 할까

어디서부터 어떻게

고개만 떨구는 나

그런 날 바라보는 너

그 어색한 침묵

널 사랑하지 않아

너도 알고 있겠지만

눈물 흘리는 너의 모습에도

내 마음 아프지가 않아

널 사랑하지 않아

다른 이유는 없어

미안하다는 말도

용서해 달란 말도 하고 싶지 않아

그냥 그게 전부야

이게 내 진심인 거야

널 사랑하지 않아

널 사랑하지 않아"


　혼성 보컬 그룹 어반 자카파Urban Zakapa의 「널 사랑하지 않아」가
사다. 처음 노래를 들었을 때 직업병이었는지 '정말 제대로 된 프
레젠테이션이다.'라는 생각을 했다. 사랑하기에 떠난다며 오늘 밤
만은 그댈 위해 분홍색 립스틱을 바르겠다는 당최 말도 안 되는
가사들을 듣고 자란 세대라 그런지 '널 더 이상 사랑하지 않는다'

는 쿨 하기 그지없는 가사와 덤덤한 멜로디가 신선하게 다가왔다.

연인이 헤어지는 데 무슨 이유가 있을까. 바람을 피우지 않는 한 대부분 애정이 식었기 때문에 헤어지는 것이다. 권태라는 불청객이 한쪽에 너무 빨리 찾아왔을 뿐이다. 단지 상대방에 대한 배려와 도의적인 책임감 때문에 사실을 직언하지 못할 뿐이다. 하지만 노래는 말한다. 더 이상 사랑하지 않으니 미안하다는 말도, 용서도 필요 없다고. 한마디로 입에 발린 소리 같은 건 하지 않겠다는 뜻이다.


## 말 돌리지 말자. 청중은 괴롭고 짜증 난다

앞서 '콘셉트를 고발한다'라는 제목으로 프레젠테이션 초반에 나오는 콘셉트를 비판한 이유 중 하나도 이런 입에 발린 표현들이 난무하기 때문이다. 헤어지는 데 특별한 이유가 없듯 프레젠테이션도 특별한 이유가 없는 것이다.

프레젠테이션을 해야 기회를 얻고 기회를 얻어야 회사 매출이 올라가니 하는 것이다. 그런데 그걸 포장하려고 하니 생전 듣도 보도 못한 정체불명의 표현과 단어들로 청중만 혼란스러워지는 것이다.

평창 동계 올림픽 프레젠테이션 슬로건도 '새로운 지평(New Horizon)'이었지만 결국 IOC위원들에게 하고 싶은 말은 '세월이 많이 흘렀으니 이제 아시아에서 동계 올림픽 한번 합시다.' 아니었겠나. 물론 대놓고 말하면 모양새가 좋지 않으니 어느 정도 양념은 필요하지만 그것도 정도껏이다.

"건강 검진 받는다. 겁이 난다. 암이라고 할까 봐. 암보험 들었나?"

'메리츠 올바른 암보험' TV 광고다. 젊은 여성이 우울한 목소리로 읊어 대는 카피가 묵직하게 고막을 때린다. 누구나 검진 결과를 앞두고 한 번쯤 - 어쩌면 매번 - 하는 생각이기 때문이다. 왜 보험을 들어야 하고 지금 들어야 하는지 그 이유를 정확하게 직격한 보험 광고가 있었던가. 온갖 보장과 정보가 넘쳐 나는 시대에 소비자에게 제대로 각인시킨 카피가 아닐 수 없다. 물론 앞서 NH투자증권과 마찬가지로 암 보험을 들어야 한다는 사실을 일깨운 소비자를 '삼성생명'이나 '오렌지 라이프'가 아닌 '메리츠화재'로 유입시킬 수 있는 준비가 반드시 되어 있어야 한다.

1 더하기 1은 2라고 정확히 말하자. 혹시 2가 부끄러워서, 2가 자신 없어서, 2로는 부족한 것 같아서 2를 꾸미기 시작하면 그나마 2도 못 알아듣는다. 꾸민다 한들 2가 200이 되는 것도 아니다. 차라리 왜 2가 좋은지, 왜 2여야만 하는지를 강조하자. 내가 2가 좋다고 하면 좋은 것이다. 청중에게 동의 구할 생각 마라. 청중에

게 기대지 마라. 앞서 예로 들었던 거제도 프레젠테이션을 기억하는가. 프레젠테이션은 선포하는 자리지 동의를 구걸하는 자리가 아니다. 이런 배짱과 배포가 없다면 당신은 경쟁(입찰)에 뛰어들면 안 된다.

## 결국, 사람은 똑같다

"어쩌면 처음 그땐 시간이 멈춘 듯이
미지의 나라 그곳에서 걸어온 것처럼
가을에 서둘러 온 초겨울 새벽녘에
반가운 눈처럼 그대는 내게로 다가왔죠"

변진섭의 「숙녀에게」 가사다. 지금도 도저히 이해가 안 간다. 뭔가 대단한 여자가 자기한테 왔다는 소리 같은데 글쎄, 저렇게 어렵게 오는 여자라면 굳이 만나고 싶지 않다.

시대에 따라 대중가요 가사의 표현이 바뀌듯이 커뮤니케이션도 그리고 프레젠테이션도 당연히 시대에 맞춰 바뀌어야 한다. 지금은 '더 이상 사랑하지 않는다'고 당당히 말하는 시대다. 너무 사랑하지만 헤어진다는 이상하고 복잡한 소리를 하는 시대가 아니다. 차인 것도 열 받아 죽겠는데 그 이유마저 모호하다면 미치고 환장할 일 아니겠나.

물론 감성에 호소하는 대중가요와 이성이 지배하는 프레젠테이션이 어떻게 같냐며 따질 수 있다. 그런 이들에게 묻겠다.

첫째, 그래서 당신은 얼마나 이성적인 사람인가. 다시 한 번 묻는다. 당신은 얼마나 이성적인가. 둘째, 가요를 듣는 사람들은 누구인가. 대중이다. 그럼 프레젠테이션을 듣는 사람들은 누구이고 또 하는 사람은 누구인가. 역시 대중이다.

사람들은 프레젠테이션을 마치 이성적이고, 논리적이며, 냉철하기 그지없는 사람들의 잔치라고 착각하지만 그건 전문가들과 이론가들이 있어 보이기 위해 불러 놓은 거품에 지나지 않는다. 프레젠테이션이나 가요나 결국 사람 사이에 이루어지는 커뮤니케이션일 뿐이다. 그리고 나는 단 한 번도 이성이 지배하는 프레젠테이션 현장을 본 적이 없다.

"솔직한 게 빙빙 돌려서 말하는 것보다 더 친절한 겁니다. 한국인들은 배려가 넘쳐서 이런 문제를 겪는 겁니다. 하지만 진정한 친절은 빙빙 돌려 말하는 것보다 대놓고 거절하는 겁니다. 그건 예의에 어긋난 게 아니에요."[1]

---

1)    알랭 드 보통(Alain de Botton), SBS 지식나눔 콘서트 - 〈아이러브 인 시즌3〉 중에서

## — 09 —

# 백 년을 살아 본 자만이 할 수 있는 말
# -김형석

교보문고에서 책『백년을 살아보니』를 처음 본 순간을 아직도 생생히 기억한다. 독자의 시선을 잡아끌기 위해 별의별 제목을 다 달고 나오는 출판 시장이 아니던가. 그 어떤 수식이나 과장도 필요 없는 팩트 그대로인 제목에 압도되어 책을 집어 들지 않을 수 없었다. 100년의 인생을 살아 낸 것도 대단한데 청명한 생각과 정신을 유지한 채 써 내려간 글이 도대체 어떤 내용일지, 100세를 살아온 철학자의 인생관은 과연 무엇인지 궁금해 미칠 지경이었다.[1]

---

[1]　　이 책은 김형석 교수가 만 96세가 되는 해에 출간되었다.

## 프레젠테이션에서 제일 중요한 것

당연히 본질이다. 본질이 약하면 복잡해진다. 약한 본질을 과장하거나 부풀리면 말이 많아진다. 그렇게 과장하고 부풀리다 보면 과장된 몸짓과 설명을 대신해 줄 누군가를 찾게 되고 결국 대리 발표자를 앞세우는 촌극을 벌인다. 촌극이라 표현한 이유는 아나운서가 대신 발표할 동안 구석에 쭈그리고 앉아 있다가 질문이 나오면 그제야 사실은 내가 책임자라며 슬그머니 손을 들며 일어서는 초라한 모습 때문이다.

강하고 확실한 본질은 굳이 수식이 필요 없다. 100년을 살았다는데 무슨 말이 더 필요하며 포장이 필요한가. 100년으로 끝난 것이다. 100년이라는 본질이 곧 킬링 메시지인 것이다. 단지 유명하다는 이유로, 돈 좀 벌었다는 이유로 청춘들에게 인생을 설교하는 100세 반 푼어치들을 아무리 언론이 띄우고 포장해도 그 얕은 본질까지 감출 수는 없는 것이다.

## 본질을 직시할 때 진짜 킬링 메시지가 나온다

인생에 대해 논할 만큼 살아오지도 못했고 연륜도 없는데 인생론에 대한 책을 쓰게 되면 아주 희한한 제목을 달고 나오게 된다. 프레젠테이션으로 치자면 말도 안 되는 표현으로 무장한 콘셉트들이 그렇다. 본질만으로 안 되니 콘셉트(포장)가 붙는 것이다.

본질을 직시해야 한다. 우리의 제품이, 아이디어가, 계획이, 상품이, 서비스가 정말 좋은지. 좋으면 얼마나 좋고 부족하면 어디가 얼마나 부족한지. 개선할 수 있다면 어디까지 할 수 있고 언제까지 할 수 있는지. 냉정히 직시해야 한다.

내가 굳이 클라이언트들을 춘천까지 끌고 가서 기획 회의를 하는 이유가 바로 이러한 부분을 허심탄회하게 듣기 위해서다. 본질의 상태를 알아야 거기에 맞는 최적의 킬링 메시지를 뽑을 수 있기 때문이다.

본질을 속이면, 즉 스스로를 속이면 프레젠테이션 현장에서 반드시 들통난다. 경쟁사들이 있기 때문이다. 내가 아무리 좋다고, 이건 최고라고, 이렇게 하면 된다고 떠들어 본들 경쟁사의 놀라운 본질을 이미 늘었거나(혹은 듣게 될) 평가 위원들에게 핀잔만 들을 뿐이다. 인간의 본성은 참으로 재미있는지라 멀쩡한 사람도 심사 위원석에 앉혀 놓으면 로마 시대도 아닌데 갑자기 준엄한 호민관護民官으로 빙의한다. 그래서 발표자가 이상한 소리를 하거나 자기가 못 알아듣는 소리를 하면 ‒ 그래서 프레젠테이션은 반드시 중학생 수준에 맞춰서 해야 한다 ‒ 자기를 무시한다는 생각에 말도 안 되는 질문을 던져 자신의 권위를 확인 받으려 한다. 한마디로 찍히는 것이다. 예로부터 평가 위원에게 찍힌 발표자는 나라님도 구제하지 못한다고 했다.

## 프레젠테이션이 끝이 아니다

김형석 교수는 여전히 일주일에 두 번 수영을 하고, 하루 세 끼를 골고루 챙겨 먹으며, 독서와 집필을 매일 꾸준히 한다고 한다. 연간 강연 횟수가 100회를 넘는다.[2] 100세가 되어도 여전히 스스로를 단련하고 준비하는 것이다.

2)    〔연중기획 | 同行-고령사회로 가는 길'(5)〕 인터뷰 | 白壽 청년' 김형석 연세대 명예교수, 월간 중앙, 2018.4.17

프레젠테이션을 망쳤다고 해서, 수주를 못했다고 해서, 계약을 못했다고 해서 본질이 없어지는 것은 아니다. 본질이 나빠서 결과가 안 좋은 것도 아니고 본질이 좋다고 반드시 결과가 좋으란 법도 없다. 그럼에도 불구하고 프레젠테이션의 기회는 또 찾아올 것이기에 우리의 본질은 여전히 빛나고 있어야 한다. 이게 이 책을 통틀어 마지막으로 독자들에게 전하고 싶은 말이다.

팀보다 위대한 선수가 없듯이 본질보다 위대한 프레젠테이션도 없다. 여러분의 본질에 건투를 빈다.

# 면접 프레젠테이션을 준비하는
# 학생들에게

면접 프레젠테이션을 걱정하고 궁금해하는 학생들의 질문을 자주 받습니다. 물론 저는 비즈니스 프레젠테이션을 하는 사람이기 때문에 면접에 대해서는 당연히 모릅니다. 전문가가 아니라는 뜻입니다. 하지만 프레젠테이션 마스터로서 기업의 인사 담당자들, 그리고 이제 갓 취업의 문을 뚫고 들어온 신입 사원들과 같이 일하면서 얻은 경험과 정보를 바탕으로 저의 생각을 말씀드리겠습니다.

### 준비된 사람은 반드시 티가 난다

최종 면접을 프레젠테이션으로 한다는 건 어떤 의미일까요. 상식적으로 생각하면 됩니다. 지원자의 모든 능력을 한꺼번에 검증하겠다는 뜻입니다. 왜냐하면 프레젠테이션을 시켜 보면 그 사람의 모든 것을 알 수 있기 때문입니다. 우선 파워포인트 같은 슬라이드를 다루는 능력과 발표력이 드러납니다. 하지만 이는 표면적인 것에 불과합니다. 파워포인트 잘한다고, 발표 좀 잘한다고 뽑지는 않을 테니까요. 가장 무서운 건 프레젠테이션에서 평소 그 사람이 얼마나 그 분야에 대해 알고 있고 준비해 왔는지가 드러난다는 것입니다.

면접 프레젠테이션 주제는 당연히 그 회사의 업무나 시장에 관한 것이겠죠. 하지만 아무리 그 분야에 대해 많이 알고 있어도 술자리에서 두서없이 떠드는 것과 청중 앞에서 하나의 주제를 가지고 짧은 시간에 설명하는 것은 차원이 다른 일입니다. 그 분야에 대한 자신만의 생각과 신념 그리고 비전이 없으면 금방 들통나고 마는 것이죠.

스킬만 있는 사람과 본질을 꿰뚫고 있는 사람은 차이가 분명하다는 겁니다. 그리고 그 차이는 반드시 면접관들에게 전달됩니다. 다시 한 번 말씀드리지만 프레젠테이션이기 때문에 그렇습니다. 막연히 호텔에 취업하고 싶다고 생각하는 사람과 호텔 취업을 오랜 시간 준비하고, 생각해 온 사람은 프레젠테이션을 시켜 보면 반드시 티가 납니다. 발표를 어떻게 잘 넘어갔다 해도 질의응답 시간에 바로 바닥이 드러나고 맙니다.

**평소에 준비할 수 있다**

뭐든 닥쳐서, 그리고 급하게 하려면 비용이 발생하기 마련입니다. 그리고 대부분 비쌉니다. 취업을 준비한다는 이유로 부랴부랴 파워포인트를 배우고, 스피치 학원을 다니고, 스터디를 한다고 해서 과연 얼마나 효과가 있을까요.

물론 그러한 효과를 홍보하는 업자들은 많지만 솔직히 의문입니다. 정말 효과가 있는 것인지, 아니면 다들 실력이 비슷하니 상대

평가의 이득을 본 것인지 말이죠.

평소에 준비하고 스킬을 쌓을 수 있는 기회는 얼마든지 있습니다. 조별 과제에 적극적으로 임하세요. 파워포인트도 열심히 만들고 발표도 뒤로 빼지 말고 '내 발표력을 향상시킬 수 있는 기회다'라는 생각으로 적극적으로 나서기 바랍니다.

저는 조별 과제가 평가 절하되고 있는 것이 정말 이해가 안 갑니다. '교수님이 본인 편하려고 시키는 것이다'라는 생각은 집어치우세요. 최대한 그 시간을 나에게 유리하게 이용하면 됩니다. 그리고 요즘은 좋은 모임들이 정말 많습니다. 그런 곳에서 발표하고, 토론하는 기회를 만들길 바랍니다. 취업뿐만 아니라 여러분이 하고 싶은 일을 더 잘할 수 있는 기회가 될 테니까요. 물론 좋은 인연도 만날 수 있습니다.

### 면접관에게 제안서(보고서)를 선물하자

가고 싶은 회사나 분야가 확실히 정해지면 제안서를 준비하세요. 만약 항공사, 그중에서도 저비용 항공사를 목표로 한다면 졸업을 위한 논문이 아니라 취업을 위한 논문을 준비한다는 생각으로 여러분의 관심과 활동을 제안서 작성에 맞추는 것입니다. 저비용 항공사로 취업이 확고하다면 분명 여러분만의 아이디어와 생각이 있을 겁니다. 예를 들어, '기내에서 면세점 판매 외에 수익을 창출할 수 있는 방법', '체크인 시간을 획기적으로 줄이는 방법 혹은 체크인 대기 시간 동안 고객에게 줄 수 있는 혜택(즐거움)', '신규 취항하면 좋은 나라 혹은 지역' 이렇게 말입니다.

아니면 일본 불매 운동*과 같은 최근 업계의 이슈를 주제로 나름대로 여러분의 생각을 보고서로 작성하는 것도 좋을 것입니다. 이렇게 정해진 주제에 맞는 제안서를 여러분만의 시선과 능력과 수준으로 작성하는 겁니다. 여기서 말하는 여러분만의 시선과 능력 그리고 수준이라는 뜻은 학생이니 전문가처럼 너무 잘 할 필요는 없다는 뜻입니다. 제안서를 준비했다는 자체만으로 이미 큰일을 한 것이니 말입니다.

자 그럼 작성된 제안서는 어떻게 해야 할까요. 간단합니다. 면접장에 가지고 들어가세요. 예상 면접관의 수를 파악하여 충분한 수량을 준비하세요. 여러분이 할 수 있는 최대한의 패키징packaging을 해서 면접이 끝나면 면접관들에게 한 부씩 증정하고 나오는 겁니다. 취업 컨설팅 업체에 돈을 갖다 바치느니 제안서 작성에 투자하는 게 더 이득 아닐까요.

## 무슨 일이 일어날지 모르는 것이 인생이다

'나비 효과butterfly effect'라는 말, 들어 보셨을 겁니다. 제안서 때문에 여러분이 합격한다는 뜻이 아닙니다. 하지만 아무도 하지 않는 그 행동이 - 생각해 보세요. 면접관에게 제안서를 제출하고 나오는 사람이 얼마나 되겠습니까 - 언젠가 여러분 인생에 기가 막힌 이벤트로 돌아올 수 있는 겁니다. 설사 아무 일이 일어나지 않았다 해도 그러한 '이상한 짓거리'를 했다는 것 자체가 여러분 인생에 스토리로 남게 됩니다. 이게 바로 스토리텔링입니다.

저는 최근까지도 양복을 갖춰 입고 정성스럽게 준비한 제 소개 자료 패키지를(책+소개서+명함) 들고 경기도 지역의 연수원**으로 출근했습니다. 아침 9시 전에 도착하면 빈 강의장에서 교육 준비를 끝내 놓고 강사와 교육생들을 기다리고 있는 교육 담당자들을 만날 수 있기 때문입니다. 연수원 규모가 크기 때문에 평균 4명 정도 만납니다. 그러면 저는 무심히 걸어 들어가 간단한 인사와 함께 소개 자료를 손에 쥐어 주고 나옵니다. "프레젠테이션 관련 교육이나 도움 필요하시면 연락 주세요."라는 멘트만 남기고 말이죠.

멍하니 있다가 갑자기 날벼락을 맞은 그들의 표정을 여러분들도 꼭 봤어야 하는데 정말 아쉽네요. 물론 아직 그렇게 전달된 소개서를 보고 연락해 온 곳은 없습니다. 하지만 상관없습니다. 그렇게 심어 놓은 작은 지뢰를 누가, 언제, 어디서 어떻게 밟을지 모르기 때문입니다. 만약 밟는다면 엄청난 폭발이 되겠지요. 설사 터지지 않는다 해도 괜찮습니다. 지금 이렇게 재미있는 에피소드가 되어 여러분께 소개하고 있으니까요. 저 정도의 경력을 가진 사람이 그런 원시적이고 직접적인 방법으로 영업을 한다는 것 자체가 이미 차별화인 것입니다. 혹시 강사를 꿈꾸고 있는 분이 계시다면 자신을 홍보한다며 유튜브에 시답지 않은 영상으로 '구독'과 '좋아요'를 구걸하는 대신 이와 같은 정공법正攻法을 추천드립니다. 강사라는 직업을 제대로 할 거라면 말이죠.

여행을 좋아한다면 셀카나 음식 사진으로 '좋아요'를 받는 일에 에너지를 쏟는 대신 여행 에세이를 출간하는 건 어떨까요. 여행사 면접관들에게 "이게 저의 진짜 자기 소개서입니다."라는 말과 함께 한 부씩 쥐어 주고 호기롭게 면접장을 나오는 겁니다. 정말 그 여행사에 취업하고 싶다면 최소한 이 정도 임팩트는 안겨 줘야 하지 않을까요. 행여나 '나 같은 대학생이 책을 출간할 수 있을까'라는 걱정은 안 해도 됩니다. 세상에는 정말 쓰레기 같은 책들이 넘쳐나니까요. 여러분도 얼마든지 할 수 있고 더 잘할 수 있습니다.

취업 포탈 사람인의 설문조사에 따르면 2016년도에 취업을 위해 사교육을 받은 준비생이 24%였고 이들이 쓴 평균 비용이 무려 358만 원이라고 합니다*** (지금은 더 늘었겠지요). 그 금액이면 항공과 숙박료를 충당하고도 남을 테니 돈 없어서 못한다는 변명은 통하지 않습니다. 그리고 설사 취업이 안 되더라도 상관없습니다. 이미 당신은 여행 에세이 작가가 되었으니까요.

### 언제나 다음 단계가 기다린다

만약 여러분이 컨설팅 업체의 도움을 받아 취업을 했다 한들 그 다음엔 어떻게 할 건가요. 승진과 이직, 그리고 직장 내 인간관계와 정치 놀음 등 어려운 관문들이 번호표를 뽑고 여러분을 기다리고 있을 텐데 그때마다 회사 출입증 휘날리며 컨설팅 업체에 돈 싸들고 내달릴 작정입니까. 종국에는 '퇴사하는 법'마저도 배워야 할지 모릅니다. 그것이야 말로 최악 중의 최악이겠죠.

아무 회사나 입사하는 게 목표가 아니라면 여러분의 힘으로 본인만의 이야기를 준비하는 게 먼저 아닐까요. 인생의 첫 직장을 정하는 일인데 그 정도의 박력은 보여 줘야 하지 않겠습니까. 최상위 고등 교육 기관인 대학에서 무려 4년이라는 시간을 배웠으면서도 취업 준비조차 어찌해야 할지 몰라 허둥댄다면 학교가 여러분을 데리고 장난을 쳤거나 여러분이 장난 같은 대학 생활을 보냈거나 둘 중 하나이겠지요.

　자기 소개서 작성이 힘든 이유가 글솜씨가 없어서인지 아니면 쓸 내용이 없어서인지 생각해 보시기 바랍니다. 프레젠테이션도 마찬가지입니다. 정말 내가 프레젠테이션 능력이 부족해서 걱정하는 것인지 아니면 남들 앞에 당당히 나설 수 있는 나만의 '본질과 스토리'가 없어서인지 말입니다. 그렇다고 '나를 찾아 떠나는 여행'이니 '나만의 꿈 지도 작성'이니 하는 어이없는 행사나 프로그램은 기웃거리지 마시고요. 그런 곳에서 사막의 미어캣meerkat 마냥 목을 빼고 두리번거리고 있으면 너무 자신이 초라하지 않습니까?

＊ '일본행 직격탄 맞은 항공업계, 중국 - 동남아로 하늘길 다변화', 국민일보, 2019.7.31
＊＊ 경기도 양평에 있는 '블룸비스타' 연수원입니다. '이것이 킬링 메시지다'에 소개된 "그날의 피로는 연애로 푼다" 현수막도 연수원에 소개서를 돌리고 오늘 길에 발견한 것입니다.
＊＊＊ '토익 시험료만 100만원 쓴다는데 …취업 비용 얼마나 들까?', 한국일보, 2016.6.1

# 복잡함은 만병의 근원이다

 

종합소득세 신고를 위해 세무서를 방문할 때마다 답답함을 느 낀다. 말로는 인터넷으로 쉽고 편하게 신고할 수 있다지만 아무 리 봐도 모르겠다. 도대체 누구 기준에서 쉽고 편하다는 것인지. 세무 공무원 기준에서 쉽다는 것인지 아니면 세무사 기준에서 편하다는 것인지 말이다. 그런데 나만 그런 생각을 하는 게 아닌 가 보다. 매년 세무서 강당에 마련된 신고 대행 창구에서 번호표 를 뽑고 기다리는 사람들이 수두룩하니 말이다.

가끔 이런 상상을 한다. 모든 세금을 수입의 10%로 통일하면 어떨까. 아르바이트 일당을 받든 회사에서 월급을 받든 세금은 무조건 10%다. 자영업자도 기업의 법인세도 무조건 10%. 간이

과세니 일반과세니 나눌 필요도 없다. 외국인 근로자도 10%. 로또 당첨금도 10%. 공모전 수상 상금도 10%. 상속세도 10%다. 이렇게 모든 수입에 대한 세금을 업종과 규모에 상관없이 무조건 10%로 통일하면 얼마나 편할까. 당연히 말도 안 되는 소리라고 하겠지만 정부는 충분히 그렇게 할 수 있는 저력을 갖고 있다. 그동안 일을 안 했을 뿐이다.

2019년 8월 2일은 일본 정부가 국무회의에서 한국을 수출 절차 간소화 혜택을 인정하는 백색 국가 명단Whist List에서 제외하는 수출무역관리령 개정안을 의결한 날이다.[1] 이에 홍남기 부총리는 정부서울청사에서 관계 부처 합동 브리핑을 했는데 정부가 내놓은 지원책과 대책을 생방송으로 보다가 놀란 입을 다물 수가 없었다.[2] 이보다 신속하고 파격적일 수 없었다. 그리고 든 생각.

'저렇게 쉽고 간단하게 할 수 있는데 왜 지금까지….'

부총리 입에서 속사포처럼 쏟아져 나온 내용들은 정부 지원 종합 선물 세트 같았다. 도대체 지금까지 뭐 하다가 이제야 부랴부랴 이러한 훌륭한 정책들을 토해 내는 것인가.

평소에 진작 이렇게 할 수는 없었던 걸까. 이 역시 복잡함에서 기인한 문제라고 생각한다. 뭐 하나 결정하고 추진하려 해도 절

---

1)    '日, 한국에 2차 경제 보복 단행 …백색국가서 제외', 연합뉴스, 2019.8.2
2)    '화이트리스트 배제 대책 발표하는 홍남기 부총리', 연합뉴스, 2019.8.2

차 따지고 법 따지고 이해관계 따지다 보니 이렇게 쉽게 내릴 수 있는 결정들이 표류하고 있었던 것이다.

영국은 외로움 장관까지 있다는데 이번 기회에 대한민국도 '복잡함 장관'을 신설하면 어떨까. 정말 진지하게 하는 소리다.[3]

아무튼 세금의 종류가 이렇게나 많고 복잡하다는 게 도무지 이해가 가질 않는다. 세무사들 굶어 죽을까 봐 그러는 것인가. 규정이 복잡하면 반드시 그 규정을 피해 가는 탈세가 생기게 마련이고 그 탈세를 잡기 위해 또 다른 규정을 만들어 낸다. 악순환이다. 나는 프리랜서이기 때문에 원천징수를 떼는데 어쩔 때는 3.3%, 어쩔 때는 4.4%, 또 어쩔 때는 6.6%다. 도대체 왜 이래야 되는지 정말 모르겠다. 세금이 통일되면 세금이 얼마나 떼일지 궁금해할 일도 왜 이렇게 많이 떼느냐고 따져 물을 일도 없다.

부동산 거래도 취득세 10%만 내면 된다. 도대체 부동산 거래와 지방 교육이 무슨 상관인가. 부동산과 지방 교육이라는 이질적인 단어가 공존하는 것 자체가 이미 복잡함이다. 10%만 내면 그 안에서 지방 교육세를 나누든 말든 그건 지방 정부가 알아서 하면 된다. 그러면 거래 과정에서 발생하는 탈세도 줄어들지 않을까. 아파트 청약 부적격자들도 훨씬 줄어들 것이다.[4] 편법과

---

3)  '외로움 장관 이어 영국에 자살 예방 장관 생겼다', 중앙일보, 2018.10.10

4)  '안양서 당첨자 30% 부적격 …난수표 청약제에 혼란 여전', 서울경제 ,2019.7.29

부정은 복잡함의 틈새로 새어 나오는 햇빛을 자양분 삼아 자라는 법이니까.

## 도대체 누구를 위한 복잡함인가

대한민국은 모든 분야에 걸쳐 있는 복잡함을 해결하지 않으면 결국 복잡함 때문에 나라가 망할 것이다. 대학 입시 정책을 보시라. 이게 지금 정상인가? 하지만 이 와중에 2019년 7월 16일부터 불가피한 추가 업무 지시도 해당될 수 있는 '직장 내 괴롭힘 금지법'이 시행된다고 하니 또 얼마나 많은 복잡함과 분란이 기업 문화를 휘저어 놓을지 눈에 선하다.[5]

고객과 소비자들에게 선물을 준다며 기업들이 요란하게 떠드는 각종 이벤트와 혜택들 역시 호락호락하지 않다. 이벤트에 참가하는 것 자체만으로 엄청난 공부가 필요하다. 그냥은 못 준다는 심보일까.

공익을 위해 존재하는 공기관들은 어떨까. 당연히 더 심각하다. 복잡함을 버젓이 국민들에게 떠넘긴다. 정부에서 분양하는 아파트 청약에 관한 유의 사항을 읽어 보면 신청 자격이 다양하

---

5)    '불가피한 추가 업무 지시도 괴롭힘?…상사만 일하라는 건가', 서울경제, 2019.7.15

고 복잡하니 공고문을 숙지하라는 글이 당당히 명시되어 있다. 너무 복잡하고 어려운 청약 제도 탓에 부적격자가 속출하고 있지만 개선할 생각은 없으니 엉켜 있는 실타래는 아쉬운 사람이 알아서 풀라는 뜻인가.[6]

몇 년 전으로 기억한다. 커피빈 Coffee Bean 점원에게 무료 음료 쿠폰으로 마실 수 있는 메뉴를 조심스레 물어본 적이 있다. 다른 커피 프랜차이즈 매장에서 쿠폰으로 주문할 수 있는 메뉴와 안 되는 메뉴에 대해 일장 연설을 들었던 기억 때문이다. 그날 커피빈 점원에게 들었던 대답은 아직도 생생하다.

"원하시는 음료와 사이즈로 전부 가능합니다."

어찌나 기분이 상쾌하던지. 가슴이 다 뚫리는 것 같았다. 뭘 그런 걸 묻느냐는 점원의 표정마저 사랑스러웠다(오래 전 일이라 기억에 오류가 있을 수 있으나 분명한 건 커피빈 점원의 대답이 굉장히 명쾌했다는 사실이다).


## 어장에 물고기가 줄고 있다


사람을 물고기에 비유해서 그렇지만, 어장(시장)이 줄어들고

---

6)　'공공주택 부적격 당첨, 깜깜이 청약 탓 1만 명 육박', 서울경제, 2019.10.3

있는 것은 엄연한 사실이다. 과거에는 대형 그물(시스템) 하나 던져 놓으면 물고기(고객)를 제법 잡을 수기 있었다. 특별한 미끼(메시지)가 없어도 기본은 했다. 물론 식성이 독특한 물고기도 있지만 대부분(대중, 소비자)은 보편적인 미끼를 좋아했다.

이제는 아니다. 어장에 물고기가 줄고 있다. 인구가 급격히 줄고 있다는 뜻이다.[7] 이제 대형 그물로 평균에 만족하는 고객만 잡으려는 어부들은 날카로운 작살로 한 마리씩 찍어 잡는 낚시꾼들에게 어장을 빼앗길지 모른다. 그리고 이미 빼앗기고 있다.

그럼에도 불구하고 아직도 대형 그물로만 고기를 잡으려는 경영진들을 보면 그 뚝심에 경외심마저 느껴진다.

대표적인 예가 바로 호텔이다. 누가 봐도 과포화 상태임에도 불구하고 호텔은 지금도 오픈하고 있다.[8] 물론 시장에 포화란 있을 수 없다. 누군가는 포화를 깨고 나오기 때문이다. 바로 혁신가들이다. 하지만 과연 지금의 호텔들이 그런 혁신을 가지고 나오는지는 의문이다.

여행과 출장, 그리고 집필을 위해 일반인들보다 훨씬 많이 호텔을 이용하는 입장에서 보면 그 밥에 그 나물이다. 감동도 없고 재미도 없으며 어쩔 땐 지루하기까지 한 체크인 시스템은 바꾸

---

7)    '백약이 무효 …5월 출생아 2만 5300명 역대 최저', 서울신문, 2019.7.30
8)    '호텔 포화 상태 해운대 …내년 봄까지 6곳 추가로 오픈 예정', 조선일보, 2019.5.22

지 않으면서 오로지 시설과 인테리어에만 집중할 뿐이다. 그 시설과 인테리어라는 것도 기존 호텔들과 다르지 않다. 이제는 대형 특급 호텔이나 아주 저렴한 호텔이 아니고는 고객으로 하여금 '내가 왜 저 호텔에 가야 하는가'라는 확실한 이유(차별화)를 던지지 못하는 호텔은 통곡의 절벽을 마주하게 될 것이다. 확실한 하나를 갖지 못한 대가를 치루는 것이다.

대학도 마찬가지다. 학령 인구 감소로 원하든 원하지 않든 구조 조정을 피할 수 없는 지방 대학들은 정부가 호흡기를 완전히 떼지는 않았으니 이 기회에 강점과 차별화가 확실한 학과에 역량을 집중하는 마이크로 대학micro college으로의 전환을 진지하게 고려해 봐야 할 것이다.[9] '그 분야는 그 대학이 최고다'라는 말이 나올 정도의 강력한 '하나(학과나 분야)'가 없는 대학은 호텔 사장들과 어깨동무를 한 채로 통곡의 절벽을 마주할 것이다.

대형 마트들은 이미 마주하고 있다.[10] 이제는 이것저것 다 파는 마트가 아니라 정말 싸고 좋은 것 하나만 파는 '원 마트one mart'가 되어야 한다. 연어 하나를 팔더라도 맛, 산지, 신선도, 양, 가격 등 여러 가지를 고려한 엄선된 상품 하나만 진열한다면 소비자는 좀 불편하고 번거롭긴 하지만 – 심지어 가격이 좀 더 비싸지

---

[9] '벚꽃 피는 순서대로 망한다? …대학 살리기 나선 교육부', 세계일보, 2019.8.7
[10] '마트 덮친 마이너스 쇼크 …이마트, 창사 이래 첫 적자', 조선일보, 2019.8.10

만-최고의 연어를 살 수 있다는 이유로 기꺼이 대형 마트로 발길을 돌릴 것이다. 그 정도의 메리트가 아니라면 온라인 쇼핑몰에 있는 훨씬 다양하고 싼 상품들이 클릭 한 번이면 집 앞까지 배송되는데-심지어 새벽에-뭐 하러 날 더운데 마트를 가겠는가.

이제 다양성으로 어필하는 시대는 끝났다. 아무리 다양하고 다채로운 서비스와 상품을 선보인들 포노 사피엔스들이 스마트폰으로 찾아내는 다양성의 양과 속도를 절대 이기지 못한다. 심지어 온라인 쇼핑몰들은 시각적인 즐거움을 주기 위해 비주얼까지 신경 쓰고 있다.[11] 낮은 가격과 빠른 배송, 거기에다 감각적인 화면 구성까지. 이러면 완전 쐐기 아닌가.

## 하나면 충분하다

사람들이 많이 지쳐 있다. 혹자는 "세상살이 쉬운 게 어디 있느냐. 원래 인생은 고단한 것이다."라고 하지만-일정 부분 동의한다-그 고단함의 기저에 복잡함이라는 요물이 똬리를 틀고 있음은 왜 알지 못하는 걸까.

하루 평균 40명이 넘는 사람들이 스스로 목숨을 내던지는 이

---

11)    '상품 소개도 느낌 있게 …비주얼에 힘주는 이커머스', 서울경제, 2019.8.14

유의 근원이 복잡함이라면 지나친 비약일까.[12] 윤동주 시인은 "인생은 살기 어렵다는데 시가 이렇게 쉽게 씌어지는 것은 부끄러운 일이다."라고 했지만 살기 어려운 시대에 복잡하고 어려운 메시지와 정보를 남발하는 것이야 말로 부끄러운 일이다.

하나만 듣고 싶다.
하나만 보고 싶다.
하나만 기억하고 하나만 갖고 싶다.
정말 좋은 하나만.
Just one thing.

2019년 가을,

그랜드 워커힐 서울Grand Walkerhill Seoul 도량道場

---

12) 〔국민의 기업〕'생명 존중 통해 자살률 10년 내 절반으로 감축 노력', 중앙일보, 2019.6.27

## 감사의 글

원고 검토는 물론 기꺼이 사진 자료를 허락하고 제공해 주신 천일오토모빌, 하이생, 노랑푸드, 대상휴먼씨, GMC, 메이크어스엔터, 덴스토리 관계자 분들께 진심으로 감사드립니다.
또한 쉽게 책을 내고 파는 시대에 프레젠테이션이라는 쉽지 않은 분야를 선택하신 이상호 대표님과 날 것 그대로인 거친 문장을 책이라는 결과물로 재창조해 주신 도서출판 혜화동 식구 분들께 감사의 말씀을 전합니다.

끝으로 〈원픽〉을 원픽 해 주신 독자 분들께 진심을 담아 감사를 전합니다.
Thank you for your excellent pick!

# 원픽

1판 1쇄 인쇄 2019년 11월 1일
1판 1쇄 발행 2019년 11월 6일

지은이 　전철웅
발행처 　도서출판 혜화동
발행인 　이상호
편집 　권은경
주소 　경기도 고양시 일산동구 위시티 4로 45, 405-102(10881)
등록 　2017년 8월 16일 (제2017-000158호)
전화 　070-8728-7484
팩스 　031-624-5386
전자우편 　hyehwadong79@naver.com

ISBN 979-11-90049-04-7 03190

이 도서의 국립중앙도서관 출판예정도서목록(CIP)은 서지정보유통지원시스템
홈페이지(http://seoji.nl.go.kr)와 국가자료종합목록 구축시스템(http://kolis-net.nl.go.kr)에서
이용하실 수 있습니다. (CIP제어번호 : CIP2019043546)

• 책값은 뒤표지에 있습니다.
• 잘못된 책은 바꾸어 드립니다.